1474

ÉTUDE

SUR LA LECTURE

DES CARTES TOPOGRAPHIQUES ET GÉOGRAPHIQUES

INDIQUANT LA SIGNIFICATION DES TEINTES ET DES SIGNES CONVENTIONNELS EMPLOYÉS DANS LES SERVICES PUBLICS

POUR LES CARTES DESSINÉES ET GRAVÉES

PAR E. SAUTREZ

TEXTE

PARIS

ADMINISTRATION, 13, RUE D'ANJOU–DAUPHINE

1862

ÉTUDE

SUR

LA LECTURE DES CARTES TOPOGRAPHIQUES ET GÉOGRAPHIQUES

Paris.—Imprimé chez Bonaventure et Ducessois, 55, Quai des Augustins.

ÉTUDE

SUR LA LECTURE DES CARTES TOPOGRAPHIQUES.

La topographie est l'art d'exprimer la configuration d'une partie de la surface terrestre avec ses accidents de terrain et ses différentes natures de cultures et de bâtiments.

Pour donner à cette expression une exactitude complète, il faut donc mesurer la surface du terrain dont on veut décrire le figuré, constater la hauteur des montagnes, la profondeur des ravins, et déterminer l'étendue de chaque genre de culture et la position des constructions ; cette première opération se nomme levé de terrain ; on reporte ensuite sur le papier les résultats obtenus en se servant des couleurs et signes conventionnels ; c'est ce qu'on appelle dresser une carte.

On ne s'occupera ici ni des levés de terrain, ni de l'art de dresser les cartes ; le seul but qu'on se propose est d'enseigner à lire les cartes topographiques, soit dessinées, soit gravées.

Cette lecture ne présenterait aucune difficulté si l'on avait pu conserver à chaque objet son étendue réelle et sa représentation exacte avec ses couleurs naturelles ; mais cette reproduction complète, praticable seulement pour quelques objets dans les sciences physiques et dans les arts, devient impossible en topographie, où l'on n'a souvent à sa disposition qu'un espace d'un mètre ou même de quelques centimètres pour exprimer la configuration d'un terrain de plusieurs milliers de mètres d'étendue. Une carte topographique devant conserver l'aspect général du terrain à reproduire, chaque objet doit subir

¹ Ce résumé a été rédigé par E. Sautrez.

une réduction proportionnée à l'échelle adoptée, et quand l'étendue de la carte ne permet pas la représentation exacte des objets ainsi réduits, on a recours, pour la remplacer, à des couleurs ou à des signes graphiques conventionnels.

Pour comprendre ou lire une carte topographique, il est donc indispensable de connaître la signification des signes, des couleurs ou teintes conventionnels, et les diverses méthodes usitées pour figurer les rochers, les ravins et le relief du terrain.

Le choix et l'adoption de ces couleurs et de ces signes graphiques ont été le but des travaux de deux commissions nommées par le gouvernement français en 1802 et 1826. Le résumé qui va être donné des procès-verbaux contenant les délibérations de chacune de ces commissions, et surtout la reproduction intégrale des cartes et des plans qui y sont demeurés annexés, en rendront la signification claire et intelligible.

COMMISSION DE TOPOGRAPHIE RÉUNIE EN 1802.

Jusqu'au commencement du xixᵉ siècle, chaque géographe employait dans ses cartes, pour exprimer les objets dont il ne pouvait pas représenter le figuré selon ses dimensions réelles, des signes qu'il créait lui-même ou qu'il choisissait parmi les signes alors en usage. Sous le titre de légende, dans une des parties de sa carte, il en donnait ordinairement l'explication ; et s'il ne le faisait pas, son travail devenait presque inintelligible pour la plupart de ses lecteurs.

Les grands travaux topographiques que le gouvernement allait faire exécuter, en France et dans les pays nouvellement conquis, lui firent sentir la nécessité de faire cesser cet arbitraire et cette divergence, si contraires au progrès de la topographie.

Il ordonna la formation d'une commission composée d'un membre de chacun des services publics intéressés à la perfection de la topographie, avec mission spéciale de simplifier et de rendre uniformes les signes et les conventions en usage dans les cartes, les plans et les dessins topographiques.

Les commissaires se réunirent le 28 fructidor an X (15 septembre 1802) et, sous la présidence du directeur général du dépôt de la guerre, commencèrent immédiatement leurs travaux.

Voici l'analyse très-succincte, surtout pour ce qui se rapporte au levé de terrain et à l'art de dresser les cartes, du procès-verbal des conférences de cette commission.

DES OPÉRATIONS ET DES INSTRUMENTS GÉODÉSIQUES.

La commission remarque qu'il importe de répandre dans les divers services les méthodes et l'usage des instruments les plus parfaits et les plus propres à donner une confiance entière dans les opérations géodésiques, trigonométriques et de nivellement.

Elle exprime le désir que tous les services, chacun relativement à ses besoins, emploient de préférence ces instruments et ces méthodes, et s'efforcent d'atteindre, dans les opérations, à la plus grande précision possible ; aucune alors ne sera perdue pour la topographie, et chaque service pourra transporter avec sécurité sur les cartes et les dessins qui lui sont propres, les points déterminés dans les levés et le nivellement des autres services.

DU NIVELLEMENT.

Comme on rapporte, dans les opérations trigonométriques, tous les points déterminés en longitude et en latitude, à la méridienne et à la perpendiculaire, il a paru simple de rapporter toutes les hauteurs au niveau général de la mer.

Ce niveau offrait aux marins la surface de comparaison à laquelle il était le plus naturel de coordonner les sondes des ports, des rades et des autres profondeurs de la mer.

Les savants et les géographes ont rattaché à cette même surface les hauteurs des montagnes, obtenues par les opérations géodésiques ou par le baromètre.

Les ingénieurs des mines comptent depuis cette surface dans tous leurs nivellements.

Les officiers du génie, qui depuis très-longtemps ont transporté la méthode des sondes dans le nivellement des places, de leurs environs, des lignes et des canaux défensifs, ont toujours pour chaque place, ligne ou canal défensif, des plans de comparaison différents.

Il en est ainsi des ingénieurs des ponts et chaussées pour les nivellements qui servent à l'établissement des routes, des canaux et de tous les travaux civils.

En un mot, une foule de nivellements particls, faits sur tous les points du territoire, par les différents services publics, ne peuvent être confrontés et deviennent inutiles pour la connaissance exacte des formes de notre sol, ou parce qu'ils ne se rattachent à rien, ou parce que ces plans imaginaires, auxquels on les a rapportés, n'ayant entre eux aucune relation, ne peuvent se lier à un plan général de comparaison.

La commission est d'avis que les services publics, qui ne rapportent point encore leurs nivellements au niveau général de la mer, soient invités à le faire, et à rattacher, autant que possible, à ce niveau, les plans partiels de comparaison des nivellements qu'ils ont faits ou qu'ils feront à l'avenir.

Elle pense, enfin, qu'il est important d'inscrire sur les cartes et les plans, tout ce qu'on pourra y mettre, sans confusion, de cotes ou sondes de niveau, en distinguant, par des signes conventionnels, les hauteurs déduites d'opérations rigoureuses et celles qui sont déterminées des opérations approximatives.

DES ÉCHELLES DÉCIMALES.

Les échelles décimales adoptées par divers services sont toutes prises dans la série suivante :

$$\text{Entiers et} \begin{cases} \text{fractions décimales.... } 2 \ldots 1 \ldots 0{,}5, \text{ etc.} \\ \text{fractions ordinaires.... } 2 \ldots 1 \ldots 1/2, \text{ etc.} \end{cases}$$

La propriété capitale de cette série est de ne contenir que les diviseurs du nombre 10, c'est-à-dire du type de la numération décimale, et les multiples ou sous-multiples décimaux de ses diviseurs ; c'est donc, de toutes les séries qu'on pouvait choisir dans ce système de numération, celle qui rend les transformations plus faciles.

La commission émet le vœu de voir tous les services prendre leurs échelles dans la même série et consacrer, par leur exemple, cette application nouvelle du système décimal métrique, déduit de la grandeur de la terre.

DES PROJECTIONS ET DU DESSIN EN GÉNÉRAL.

La définition complète d'un corps exige qu'on le projette sur trois plans coordonnés que l'on suppose ordinairement rectangulaires entre eux et dont l'un est horizontal.

C'est cette méthode que suivent les ingénieurs des différents services dans les plans et les dessins et dans quelques cartes relatifs aux travaux publics, toutes les fois qu'il est indispensable de considérer les corps et le terrain comme un solide soumis aux lois de la stéréotomie.

Ces projections sont connues sous les noms familiers à presque tous les arts de plans, de profils, de coupes, d'élévations.

Elles donnent les grandeurs géométrales.

La perspective les transforme en une autre projection qui donne les grandeurs optiques.

Sur ces diverses projections, la perspective aérienne, c'est-à-dire la dégradation des lumières et des ombres, peut également donner du relief, du corps à tous les objets.

Sur chacune d'elles, l'emploi varié des couleurs change le dessin en peinture.

L'échelle limite les grandeurs que la projection peut représenter : quand la projection, sur le même plan et avec la même échelle, ne donne plus pour les objets que des tracés dont les dimensions se confondent, les lois ordinaires de la géométrie descriptive cessent d'être applicables ; et l'on n'a plus pour les exprimer, que des signes qui dérivent d'un autre ordre de convention et que l'on désigne plus spécialement sous le titre de signes conventionnels, pour les distinguer de ceux qui sont assujettis aux conditions générales sur lesquelles la théorie des projections est fondée.

La commission pense qu'il est toujours utile, et souvent nécessaire, en topographie comme dans tous les arts, d'ajouter à la projection horizontale que donne le plan ou la carte, des projections verticales ou perspectives; elle désire qu'on ne néglige jamais de le faire, toutes les fois que le temps le permettra, lors même que l'on ne verrait pas, dans l'instant, l'utilité que ces projections peuvent avoir un jour.

DE LA PROJECTION HORIZONTALE,

ET D'ABORD DE LA PROJECTION DES MONTAGNES.

La projection horizontale des objets terminés par des plans, ou même par des surfaces de toute autre espèce, mais qui se pénètrent et se coupent dans tous les sens et selon des arêtes fort rapprochées, n'a rien qui puisse embar-

raser ni qui échappe aux procédés rigoureux ou approximatifs qu'enseignent la géométrie descriptive et la stéréotomie.

Mais les montagnes, les ondulations de terrain, présentent presque partout des surfaces à courbure continue, sans jarret et sans arête. La projection de ces surfaces sur le plan n'est autre chose que le plan même.

Il s'agissait donc d'imaginer une méthode particulière de les représenter.

Première méthode. — La première et la plus ancienne, qui conserve des partisans parmi des géographes distingués, mais qui trouve de nombreux antagonistes dans les autres géographes, les corps d'ingénieurs et les savants à qui l'on doit des méthodes plus rigoureuses, consiste à projeter, ou à mettre en perspective, le contour apparent des montagnes sur de petits plans inclinés, rabattus ensuite et confondus avec le plan horizontal. C'est cette méthode qu'on appelle assez improprement demi-perspective et que l'on a étendue à l'expression des rochers, des arbres, des villes, des villages et d'une foule d'autres objets, alors même que leurs formes et la grandeur de l'échelle permettraient de les représenter par leurs traces horizontales.

Deuxième méthode. — Un autre artifice, dont le premier usage remonte assez loin, mais se perfectionne tous les jours, est celui des lignes de plus grande pente. On imagine, par la pensée, les courbes que décriraient sur les surfaces du terrain, des gouttes de pluie ou d'autres graves obéissant aux lois de la pesanteur ; on détermine à vue les projections de ces courbes, et c'est par ces projections que l'on désigne les courbes variées des hauteurs dont elles représentent, dans toutes les directions, les pentes les plus rapides ; c'est ce système que suivent aujourd'hui la plupart des géographes et des ingénieurs.

Troisième méthode. — Enfin un troisième procédé consiste à imaginer des sections faites dans les hauteurs par des plans équidistants et parallèles à l'horizon et à représenter les ondulations du terrain par les projections des courbes horizontales que forment ces sections : les officiers du génie emploient depuis longtemps cette méthode pour déterminer les plans de site et de défilement de leurs ouvrages.

EXAMEN DE LA PREMIÈRE MÉTHODE : DEMI-PERSPECTIVE.

MM. Dalbe, Chrétien et Epailly, membres de la commission, se déclarent tous trois contre le mélange des projections ou des perspectives inclinées avec les projections horizontales, et pour l'emploi des lignes ou hachures de plus grande pente.

M. Dalbe fait sentir combien il est peu conséquent, après avoir observé parfaitement dans le trait des ruisseaux, des chemins, des bâtiments, les règles de la projection horizontale, d'abandonner tout à coup ces règles quand il s'agit de décrire les bois, les montagnes, les villages.

Il fait voir les arbres, les rochers, coupant le plan d'un chemin, d'une rivière, d'un édifice ; les montagnes couvrant des vallées entières, leurs pentes sacrifiées l'une à l'autre ; en un mot, la nature du dessin changeant à chaque pas et l'esprit forcé de faire à chaque instant des opérations différentes.

Une dernière considération vient enfin à l'appui de toutes les autres. Si dans quelques services publics on continuait à confondre les plans de projection tandis que d'autres services seraient forcés de conserver des méthodes plus rigoureuses, depuis longtemps éprouvées, et sans lesquelles ils ne pourraient remplir le but de leur institution, il faudrait renoncer au projet même dont la commission s'occupe, à celui de rendre les cartes uniformes, utiles dans tous les cas, et communes à tous les services.

Elle est donc d'avis que jamais à l'avenir on ne mêle sur le même plan des projections de différentes natures, et qu'on cesse de former le trait des montagnes par leurs contours apparents projetés ou mis en perspective sur des plans inclinés, rabattus ensuite, et se confondant avec le plan horizontal.

Le service de la marine paraît seul commander une exception à ce principe rigoureux.

EXAMEN DES DEUX AUTRES MÉTHODES.

LIGNES DE PLUS GRANDE PENTE. — COURBES HORIZONTALES.

La commission, d'accord sur l'unité de projection, n'avait plus qu'à choisir entre les deux autres moyens d'exprimer les montagnes ; savoir : les courbes de niveau et les lignes de plus grande pente.

Les courbes de niveau sont difficiles à déterminer autrement que par des nivellements rigoureux ou approximatifs. Il faudrait, pour les évaluer à la simple vue, avec quelque justesse, pouvoir planer sur le terrain. En cheminant autour des hauteurs, l'œil souvent parcourt autant de plans de niveaux différents qu'il y a de points sur la circonférence des montagnes. Quelle difficulté d'estimer sa position relativement au plan imaginaire de comparaison auquel on rapporte les autres plans horizontaux par lesquels on suppose que le terrain est coupé ! On sait d'ailleurs avec quelle facilité l'œil se trompe sur les évaluations des objets situés dans un plan horizontal, et quelles erreurs résultent de l'abaissement ou de l'élévation du rayon visuel par rapport à ce plan.

Les lignes de plus grande pente, ou de la chute des eaux, offrent sur les courbes de niveau, l'avantage de représenter un effet naturel dont l'œil est témoin à chaque instant, et qui rappelle la cause générale, sinon de la formation, au moins de la figure et des accidents des montagnes. Cet effet est un moyen d'évaluation et de vérification. On peut toujours saisir d'un coup d'œil les inflexions d'une ligne de plus grande pente qui, lors même qu'elle est à double courbure, a ses extrémités dans des plans verticaux fort rapprochés.

Ces propriétés, la promptitude avec laquelle on peut, par une opération de l'esprit presque simultanée, rapporter ces lignes au plan vertical qui passe par l'œil et au plan horizontal de projection ; tout, enfin, détermine la commission à préférer leurs projections pour le trait des montagnes à surface continue, sans préjudice des arêtes de rencontre que ces surfaces pourront faire entre elles, arêtes dont les projections se feront à l'ordinaire et n'offrent d'ailleurs aucune difficulté.

Mais les courbes de niveau n'ont rien qui altère l'unité de projection ; la commission n'a pas le même motif de les exclure que les courbes de contour apparent : elle est d'avis seulement qu'on réserve les courbes de niveau pour les besoins spéciaux des divers services et pour le cas où il est plus avantageux de les employer, comme dans les plans de site et de défilement des places.

Relativement aux lignes de plus grande pente, la commission adopte encore comme règle importante la proposition de les projeter dans tous les cas, de les réduire seulement aux lignes les plus caractéristiques, et de donner moins de fond au tracé de projection, quand on se propose de faire les teintes au lavis et non à la plume.

DE LA PROJECTION DES ROCHERS ET DES AUTRES OBJETS.

Le trait des montagnes ainsi décidé, celui des rochers ne présentait plus de difficultés : la commission est d'avis qu'on ne les projette désormais que par le tracé horizontal de leurs arêtes, de leurs fissures, de leurs accidents de toute espèce, en exprimant, selon l'échelle, toutes ces lignes, ou seulement les linéaments principaux.

Les parties arrondies de terrain qui s'y trouveraient interceptées ne peuvent être considérées que comme des portions de montagne, ou des ondulations du sol, que l'on rendra par les projections des lignes de plus grande pente.

DES DIVERS MOYENS DE DONNER UNE IDÉE DU RELIEF

SUR LES PROJECTIONS HORIZONTALES.

Les teintes naturelles paraissent à la commission préférables aux teintes conventionnelles ; elles offrent plus de variété, et surtout plus de ressources ; dans les vues et les élévations, elles donnent du corps, de la vie aux objets ; ce n'est que par elles que le dessin des cartes peut acquérir une justesse, une vérité d'effets semblable à celle du dessin d'imitation.

L'effet de la dégradation est tel, qu'on peut, sur le simple trait, en se servant de couleurs plus ou moins pâles, faire saillir ou rentrer les lignes, et par conséquent, indiquer des plans différents. Cette dégradation du trait, resserrée d'ailleurs dans des limites assez étroites pour qu'il soit toujours distinct, est un moyen d'expression et de vérité qu'on peut se ménager dans la gravure et les dessins soignés ou dans quelques dessins au simple trait.

On peut, dans les teintes, employer une couleur unique ou les couleurs mêmes des objets. La première manière constitue le dessin en général; c'est la seconde qui distingue la peinture. Le désir d'obtenir le plus grand effet possible doit, pour les cartes comme pour les tableaux, engager à préférer les teintes diversement coloriées : c'est ce motif qui fait que la commission attache un degré d'intérêt de plus à la perfection des cartes lavées qu'à celles des cartes à la plume.

Elle pense que, pour atteindre la perfection, chaque dessinateur doit s'attacher à produire, sur les cartes, le même effet que ferait un relief parfait du terrain, ou plutôt la nature elle-même revêtue de ses formes et de ses couleurs, mais réduites aux dimensions de l'échelle.

Cette supposition, en déterminant le but dont il faut approcher, s'il n'est pas permis de l'atteindre, fournit du moins un terme de comparaison pour déterminer quelles doivent être, sur une carte donnée, la force et la dégradation des teintes.

Elles dérivent de la lumière. Le type idéal que la commission vient d'indiquer exige, pour que les teintes qu'il s'agit d'imiter soient déterminées, qu'on suppose ce relief ou cette nature ainsi réduite, éclairée par une lumière constante et fixe de position.

On supposera cette lumière telle qu'il n'en résulte jamais d'oppositions trop heurtées, de teintes trop foncées, trop noires, qui oblitèrent le trait de projection et sous lesquelles il soit difficile de le distinguer.

La lumière sera d'ailleurs, comme dans les tableaux, à la gauche des spectateurs, c'est-à-dire au nord-ouest, le méridien coupant à angle droit le haut et le bas de la carte.

On lui attribuera, selon l'usage le plus général, entre 50 et 65 grades d'élévation, selon que l'exigeront la hauteur des montagnes, et l'avantage qu'il est souvent utile de se ménager, de diminuer le nombre ou l'étendue des parties privées de lumière en faisant raser, par une portion des rayons lumineux, les saillies de la surface de terrain opposée au point d'où les rayons se projettent.

Dans tous les cas, on prendra pour base le trait de projection, et dans les montagnes, les lignes de plus grande pente ; en n'oubliant jamais que les teintes sont un moyen auxiliaire subordonné à la projection et qui ne doit pas la contredire ou la cacher.

DES OMBRES PORTÉES.

La commission, après avoir entendu les motifs développés par plusieurs de ses membres, est d'avis qu'on bannisse entièrement des cartes les ombres portées de toute espèce ; elles noircissent le dessin, le couvrent de taches désagréables, cachent le trait et nuisent à l'effet général de la carte.

DES SIGNES CONVENTIONNELS EN GÉNÉRAL.

La commission, après avoir considéré le trait de projection et la manière d'y appliquer les teintes et les couleurs, porte ses regards sur les signes nombreux par lesquels on supplée à la projection.

Elle met au premier rang les cotes de sonde ou de niveau. (Voir ce qu'elle en a dit au chapitre *Des Nivellements*.)

Après les cotes de niveau, aucun signe n'est plus propre à fixer les hauteurs relatives, à donner aux lignes de plus grande pente et aux teintes une précision toujours utile et souvent importante, que les deux notations proposées par un de ses membres (M. Epailly) pour marquer, sur les hachures principales, les degrés d'inclinaison évalués de cinq en cinq, ou au moins de dix en dix, et pour indiquer les points de niveau sur les hachures des montagnes accolées.

La commission adopte une suite de modèles pour exprimer, par l'emploi des teintes plates, sur les dessins minutes, les différentes natures de terrain et les diverses espèces de culture. (Pl. 1, 2, 3 et 4 de ce recueil.)

Elle pense que l'emploi de ces teintes plates, ou couleurs légères, ne doit être considéré que comme un moyen de faire remarquer plus vite et de faire sauter aux yeux ce que l'on cherche sur les minutes ; qu'on ne doit jamais se dispenser d'écrire sur les teintes la nature du sol, et de prévenir ainsi les dégradations naturelles ou accidentelles que les couleurs peuvent éprouver.

La commission adopte enfin le tableau complet et si varié des signes conventionnels réduit à leurs moindres termes. Le détail de chaque espèce de signes sera donné ci-après.

Dans ces signes, on a évité les élévations de toute espèce, excepté celles dont la marine est pour quelque temps encore forcée de conserver l'usage ; dans les signes dont la grandeur ou la forme n'était pas nécessairement arbitraire, on s'est conformé, autant qu'il était possible, à l'échelle et aux lois des projections, en représentant les objets de même nature par la trace d'un objet régulier choisi dans la même catégorie, et autant que possible, d'une surface proportionnée.

La commission approuve la proposition d'employer les teintes sur le trait des signes conventionnels, comme sur celui de la projection.

Mais elle recommande d'éviter les ombres portées ; faire exception en faveur de ces signes à la règle si bien motivée qui exclut ces ombres du reste de la carte, ce serait d'abord retomber dans les inconvénients qui les en ont fait bannir ; mais ce serait de plus écrire un contre-sens sur la carte et supposer que le soleil éclaire les petits objets plus que les grands.

DES ÉCRITURES SUR LE PLAN,

DES LÉGENDES ET DES MÉMOIRES DESCRIPTIFS.

Les projections et les signes conventionnels ne suffisent pas toujours, ou ne suffisent pas seuls pour distinguer, sur les cartes et les plans, les objets si variés dont on s'efforce d'y rassembler les traces. On emploie alors l'écriture, cet assemblage ingénieux de signes connus, simples et réduits au plus petit nombre possible, mais dont les combinaisons, presque inépuisables, nous suffisent pour exprimer toutes nos pensées.

La commission regarde comme des moyens de perfectionner et d'étendre les connaissances topographiques :

1° De placer sur les cartes et les plans mêmes toutes les indications écrites qui ne nuiront pas à la netteté et à l'effet du dessin ;

2° De joindre en marge des légendes dans lesquelles on rejettera les indications que la carte ne pourra recevoir ;

3° D'accompagner les cartes de mémoires descriptifs exprimant tout ce que ne peuvent indiquer les légendes.

Jusqu'ici le désordre, l'irrégularité, le mauvais goût ont, sur un grand nombre de cartes et de plans, décidé le choix, déterminé les proportions, réglé la place et la direction des écritures.

Si les dessins les plus parfaits ne reproduisent aucune de ces fautes, au moins offrent-ils à cet égard une variété, une bigarrure qui blessent l'œil quand ils sont comparés, et qui sont contraires aux lois simples et uniformes des projections.

Un des membres de la commission lui présente le tableau général des écritures uniformes et symétriques qu'il convient d'adopter dans tous les services. (Pl. 20 et 21 de ce recueil.)

Les caractères sont réduits à cinq pour les mots et à quatre pour les chiffres.

Ce sont :

Pour les mots :
- La capitale { droite, penchée.
- La romaine { droite, penchée.
- L'italique.

Pour les chiffres :
- L'arabe { droit, penché.
- Le romain { droit, penché.

Ces caractères sont ceux de la typographie ; dans aucun cas on n'emploiera sur les cartes soignées les caractères d'écritures qui sont plus vagues et qu'il est toujours plus difficile de rendre purs et uniformes.

Pour régler les écritures, il suffit de ce tableau et d'une échelle en déci-millimètres. On peut même se dispenser de cette échelle et obtenir les hauteurs d'écritures sans règle ni compas, au moyen d'un rapporteur ou type en corne, imaginé et gravé par M. Bartholomé, et auquel il a donné le nom de métrographe (mesure d'écriture).

La commission croit que cet instrument ingénieux est d'un emploi facile et commode et qu'il est avantageux d'en consacrer l'usage.

Elle s'occupe ensuite d'autres objets étrangers au but de cet ouvrage. Ses travaux, clos à Paris le 24 brumaire an XI, sont approuvés par les ministres de la Guerre, des Finances, des Relations extérieures, de l'Intérieur et de la Marine.

COMMISSION DE TOPOGRAPHIE RÉUNIE EN 1828.

Les décisions de la commission de 1802 ne furent exécutées que par quelques-uns des services publics ; elle avait adopté, comme moyen unique d'exprimer le relief et les formes du terrain, l'hypothèse d'un rayon de lumière tombant obliquement de la gauche à la droite du spectateur, dans la direction du nord-ouest, le nord étant supposé placé à la partie supérieure de la carte ; on assigna à ce rayon une inclinaison de 50 grades relativement au plan horizontal ; la commission ne s'occupa nullement de l'hypothèse de la lumière verticale que la plupart des topographes avaient adoptée, et d'après laquelle Cassini, et plus tard les auteurs de la *Carte des chasses*, avaient figuré le terrain. Deux systèmes opposés se trouvèrent ainsi en présence.

Le Dépôt de la guerre, l'École polytechnique et l'École de Saint-Cyr se conformèrent aux décisions de la commission et figurèrent le terrain, soit en se servant des lignes de plus grande pente seules, soit par des teintes au pinceau, soit par le concours des deux moyens.

L'École d'artillerie et de génie établie à Metz et l'École d'état-major figurèrent le terrain d'après l'hypothèse de la lumière verticale.

Au Dépôt de la guerre on ne crut pas devoir, sans un nouvel examen, commencer la gravure des premières feuilles de la carte de France d'après la méthode prescrite par la commission de 1802. L'École des ingénieurs géographes continua seule à l'enseigner.

Cette méthode était donc tombée en désuétude ; mais, en y renonçant, les différents établissements avaient adopté des systèmes particuliers. Il résulta de là une divergence qui pouvait nuire au bien du service et au progrès de l'art de la topographie. Le ministre de la Guerre crut devoir y mettre un terme et forma une commission composée de membres pris dans les différents services publics ; le 25 février 1826, il lui adressa ses instructions.

Cette nouvelle commission commença ses travaux, par l'exposé fait par chacun de ses membres, des méthodes suivies dans les différents services qu'ils représentent, soit pour l'enseignement de la topographie dans les écoles, soit pour la confection des cartes.

ÉCOLE POLYTECHNIQUE.

Depuis l'époque de la création de cette école, en 1794, jusqu'en 1805, on ne s'y est point occupé spécialement de topographie. En août 1805, il fut décidé qu'elle serait enseignée aux élèves, et la méthode qu'on adopta fut celle qu'avait prescrite la commission de 1802.

Le même système fut suivi jusqu'en 1817, époque à laquelle le conseil de perfectionnement adopta, pour exprimer le figuré du terrain, les courbes de niveau et les projections des lignes de plus grande pente; mais il repoussa la proposition d'admettre l'hypothèse de la lumière verticale qui avait été faite par le conseil d'instruction de l'école de Metz.

En 1824, M. le gouverneur ayant appelé l'attention du ministère de la Guerre sur les inconvénients qui résultaient de la différence des méthodes d'enseignement suivies à l'École polytechnique et dans les écoles d'application, Son Excellence, par une lettre du 7 février de la même année, jugea à propos d'admettre l'hypothèse de la lumière verticale, et l'expression des pentes par les projections horizontales de ligne de plus grande pente, en combinant l'espacement des hachures et l'épaisseur des traits, de manière à définir le terrain tout en produisant des effets agréables à l'œil.

En conséquence, le conseil de perfectionnement décida que les modèles d'après lesquels les élèves seraient exercés à l'avenir seraient de trois espèces :

Que dans la première, la forme du terrain serait représentée par des sections horizontales équidistantes ;

Que dans la deuxième, le terrain serait figuré par des hachures d'après le principe arrêté par le ministre ;

Et que dans la troisième, les hachures seraient remplacées par des teintes à l'encre de Chine, dont l'intensité plus ou moins forte varierait les pentes, conformément à l'hypothèse de la lumière verticale.

ÉCOLE D'APPLICATION DES INGÉNIEURS GÉOGRAPHES.

Les levés s'exécutent aux échelles du $\frac{1}{5000}$ et du $\frac{1}{10000}$ d'après le procédé des courbes de niveau. Celles-ci s'obtiennent en prenant sur le terrain, au moyen du déclimètre, et en se servant des points trigonométriques dont les hauteurs absolues au-dessus du niveau de la mer sont déterminées par le calcul, un grand nombre de cotes de hauteur ou de dépression; puis l'on joint par une même courbe tous les points peu éloignés entre eux et ayant des cotes égales.

Ces courbes de niveau horizontales, tracées seulement au crayon, sont ensuite décalquées sur la minute, et servent de directrices aux hachures qui sont tracées à l'encre, et forment solution de continuité dans le passage d'une courbe à l'autre. Ces hachures, qui représentent approximativement les projections horizontales des courbes de plus grande pente, ont toutes la même intensité, et elles sont d'autant moins éloignées les unes des autres, que les courbes entre lesquelles elles sont comprises se trouvent plus rapprochées en projection.

Mais ces hachures ne formant souvent en masse que des teintes à peine sensibles, on les renforce par des teintes à l'encre de Chine, posées suivant le principe de la lumière oblique, afin de faire suffisamment ressortir le relief du terrain, ainsi qu'il a été prescrit par la commission de 1802.

L'inclinaison des pentes peut s'obtenir en portant, comme coordonnée, sur une échelle construite à cet effet, la longueur d'une hachure; l'abcisse correspondante fera connaître l'inclinaison cherchée.

ÉCOLE D'APPLICATION DES PONTS ET CHAUSSÉES.

Avant que l'on enseignât la topographie à l'École polytechnique, on s'en occupait beaucoup à l'École des ponts et chaussées. Depuis, on y a supprimé le cours spécial pour cette partie, et les élèves dessinent la carte suivant les mêmes principes qu'à l'École polytechnique. Pour l'établissement des projets de routes et canaux qui constituent la majeure partie des travaux qu'exécutent les ingénieurs des ponts et chaussées, comme on n'opère que sur de longues zones de terrain dont la largeur est peu considérable, c'est par une suite de profils qu'on en exprime les différences d'élévation, cette méthode étant la plus convenable pour faciliter le calcul des déblais et remblais. Ce n'est donc que pour des cas particuliers et qui se rencontrent rarement, que les ingénieurs des ponts et chaussées exécutent des plans où le terrain est figuré dans son ensemble, et quand ces cas se présentent, c'est la méthode des courbes de niveau qui est en usage parmi eux.

ÉCOLE D'APPLICATION DE L'ARTILLERIE ET DU GÉNIE.

Les travaux que le corps du génie est appelé à faire exécuter nécessitent une grande exactitude et une connaissance complète de tous les accidents du terrain, particulièrement pour la détermination des plans de site et de défilement; le système d'exprimer le relief par des courbes de niveau, obtenues par le nivellement, est suivi à l'école de Metz pour les cartes à grandes échelles, comme étant le seul qui réunisse toutes les conditions exigées. Pour les levés à la boussole et à vue, le terrain est figuré par les projections des lignes de plus grande pente et d'après l'hypothèse de la lumière verticale, en proportionnant l'intensité des hachures à la rapidité des pentes.

ÉCOLE D'APPLICATION D'ÉTAT-MAJOR.

On suppose la surface du terrain coupée par une suite de plans horizontaux équidistants. Pour tracer les courbes d'intersection, on se sert de la planimétrie et des angles de pente; ces angles se mesurent à l'aide d'un clitimètre adapté à la boussole. Les courbes tracées au crayon servent de directrices à des hachures qui leur sont normales et dont l'écartement, au point de départ, est le quart de leur longueur. Des cotes indiquent la hauteur des points culminants, des autres points remarquables qui ne sont pas compris dans les plans horizontaux équidistants.

SERVICE DES MINES.

Les ingénieurs ne font pas par eux-mêmes les plans; les seuls dont ils peuvent avoir besoin sont fournis par les personnes qui sollicitent des concessions de mines, et ces dessins étant toujours faits sur trois projections, la manière de figurer le terrain perd beaucoup de son importance. D'ailleurs la loi qui détermine les formalités à remplir pour obtenir desconcessions, ne spécifiant pas la méthode suivant laquelle ces plans doivent être présentés, il ne serait pas possible, à moins de changer la loi, d'obliger les concessionnaires à se conformer, sur ce point, aux nouvelles décisions qui pourront être prises. Cependant, lorsque, par circonstance, les ingénieurs des mines sont appelés à dresser des cartes, ils se servent de courbes horizontales seules et bannissent les ombres portées. Ils ont été amenés tout naturellement à se servir de cette méthode, et il serait désirable de la voir généralement adoptée.

ÉCOLE DE SAINT-CYR.

Les principes suivis à cette école pour l'enseignement de la topographie sont exactement les mêmes que ceux en usage à l'École d'état-major, la méthode suivant l'hypothèse de la lumière oblique ayant été abandonnée par décision ministérielle du 21 octobre 1823.

Après cet exposé, on mit sous les yeux de la commission des dessins faits suivant les différents systèmes. Elle discuta longuement sur les avantages et les inconvénients inhérents à chacun d'eux, et formula ses décisions sur les méthodes qui lui semblèrent devoir être adoptées.

Cette commission ayant présenté au ministre le résultat de ses délibérations, Son Excellence jugea, d'une part, que ce travail n'était pas entièrement complet, et que, de l'autre, il exigeait quelques modifications. Par une lettre du 30 juillet 1827, elle fit connaître au président de la commission que celle-ci n'était pas seulement chargée de déterminer le meilleur mode à adopter pour la représentation du relief du terrain, mais encore de rédiger une nomenclature topographique et un recueil complet de signes conventionnels qui devinssent la règle générale de tous les services publics.

Le ministre reconnaît d'abord, avec la commission, que, dans les cartes à certaines échelles, il faut parler à la fois aux yeux et à la raison, et que c'est dans un système mixte, ou plutôt dans la réunion de tous les moyens d'expression, qu'on doit chercher la solution du problème.

Les essais de dessin et de gravure tentés dans cet esprit, d'après les règles tracées par la commission, n'ayant pas paru au ministre remplir entièrement l'objet qu'elle s'était proposé, il a donné l'ordre d'exécuter de nouveaux modèles comparatifs, en s'efforçant de les perfectionner, soit par un nouveau mode d'espacement et de grossissement des hachures, soit par le rapprochement des courbes de niveau, régulièrement établies, soit enfin par l'intercalation de courbes partielles ou discontinues entre celles qui correspondent aux plans horizontaux équidistants.

Convoquée de nouveau en 1828, par les ordres du ministre de la guerre, la commission, pour répondre aux instructions manifestées par la lettre précitée du 30 juin 1827, avait, d'une part, à compléter son travail, en s'occupant de la rédaction d'un recueil complet de signes conventionnels qui devinssent la règle générale de tous les services publics ; de l'autre, elle devait, d'après l'examen de nouveaux essais, rouvrir la discussion sur celles de ses premières décisions que le ministre avait jugées susceptibles d'être modifiées.

Les différentes méthodes pour exprimer le relief du terrain furent de nouveau discutées, et après mûres délibérations, elle résolut, cette fois à la satisfaction du ministre, toutes les questions qui avaient été renvoyées à son examen.

Les nouvelles décisions prises par la commission sont ainsi conçues :

CHAPITRE PREMIER.

Des Minutes.

Art. 1er.—On entend par minute la traduction graphique des opérations exécutées sur le terrain, traduction faite à l'échelle du levé.

Art. 2.—Les minutes seront tracées à l'encre et gardées dans les archives des différents services publics, afin que les matériaux qui auront servi à la rédaction des cartes soient conservés dans toute leur intégrité, et que, lorsqu'on voudra on les vérifier, ou les consulter, on puisse toujours les retrouver tels qu'ils ont été obtenus.

Art. 3.—Pour les minutes des levés, quelle que soit leur échelle, on aura recours uniquement, pour exprimer le relief du terrain, à la considération des plans horizontaux, c'est-à-dire que ce relief devra être exprimé sur les minutes par la projection horizontale des courbes résultant de l'intersection du terrain et d'une suite de plans horizontaux [1].

Art. 4.—Les plans horizontaux dans lesquels les courbes seront comprises devront être équidistants.

Art. 5.—L'équidistance pourra varier en raison de l'échelle de la carte et en raison des formes du terrain ; mais elle devra toujours être la même pour toutes les parties d'une même carte [2].

---

[1] C'est ce qu'on entend par l'expression inexacte de courbes de niveau équidistantes.

[2] La commission a reconnu l'impossibilité de fixer d'une manière absolue une équidistance pour chacune des échelles usitées en topographie ; toutefois, quand la nature plus ou moins ci-

Art. 6.—Toutes les fois qu'il y aura entre les deux sections horizontales équidistantes un changement de pente assez sensible pour qu'il soit nécessaire de le faire connaître, on tracera la projection horizontale de la ligne suivant laquelle ce changement de pente se manifestera. Cette projection sera une ligne ponctuée; des cotes pourront être placées en un ou plusieurs de ces points, suivant que les lignes qui déterminent les changements de pente seront ou ne seront pas comprises dans des plans horizontaux. Ces cotes seront des fractions qui auront pour dénominateur le nombre de mètres déterminé pour l'équidistance, ce qui dispensera d'écrire ce dénominateur; les cotes fractionnaires devront être prises dans le même sens que celle des plans horizontaux équidistants.

Art. 7.—Les accidents de terrain tels que ravins, chemins creux, chaussées, berges, tertres, excavations, carrières, fondrières, fossés, etc., seront exprimés par un figuré particulier dont le modèle est joint au travail de la commission sous les n°s 2 et 5 [1].

CHAPITRE II.

Des cartes, soit dessinées, soit gravées, qui seront exécutées d'après les minutes mises à l'encre, soit à la même échelle, soit à une échelle différente.

Art. 1er.—Les projections des courbes horizontales seules, tracées à l'encre, sont regardées comme suffisantes pour exprimer le relief du terrain dans les cartes et les plans dont l'échelle sera plus grande que le $\frac{1}{10000}$.

Art. 2.—Pour représenter les formes du terrain sur les cartes dont les échelles seraient au $\frac{1}{10000}$ ou à des échelles plus petites, les projections des courbes horizontales équidistantes sont regardées comme insuffisantes. Dans ce cas, pour rendre plus sensible et faire apprécier d'une manière plus prompte la configuration générale du terrain, on tracera entre ces projections des hachures qui représenteront les projections horizontales des lignes de plus grande pente, et seront par conséquent menées perpendiculairement à chacune des deux courbes entre lesquelles elles seront tracées.

Art. 3.—L'espacement des hachures sera en raison inverse de la rapidité des pentes et égal au quart de la distance prise sur la carte, entre deux courbes consécutives.

Lorsque les hachures normales à deux courbes divergeront sensiblement entre elles,

dentée du terrain ne s'y oppose pas, l'équidistance est ordinairement d'un quart de millimètre par mètre; ainsi l'équidistance est de

1 mètre pour l'échelle du	4,000^me.
1 mètre 1/4	5,000.
2 mètres 1/2	10.000.
5 mètres	20,000.
10 mètres	40,000.
20 mètres	80,000.
25 mètres	100,000.

[1] Voir planches 13 et 14 de ce recueil.

l'espacement qui vient d'être déterminé sera mesuré sur une ligne perpendiculaire à la hachure et menée par son milieu.

Art. 4.—Dans le cas où la distance entre deux courbes consécutives sera au-dessous de deux millimètres, on substituera à la loi de l'espacement des hachures, celle de leur grossissement. Ce grossissement augmentera en raison de la rapidité de la pente.

Art. 5.—On conservera sur les cartes, soit dessinées, soit gravées, qui seront exécutées d'après les minutes à l'encre, la trace des projections des courbes horizontales équidistantes qui auront servi de directrices aux hachures, de manière qu'on puisse saisir et suivre la direction de ces courbes. Cette condition essentielle s'obtiendra, soit que les hachures se terminant sur les courbes elles-mêmes ne soient pas tracées dans le prolongement les unes des autres (voir les planches n°s 3, 4, 6 et 7) [2], soit que s'arrêtant à une très-courte distance de ces courbes elles laissent entre elles un petit espace blanc.

Art. 6.—Sur toutes les cartes, des cotes placées aux points les plus remarquables du terrain indiqueront la hauteur de ces points; le point dont la cote est zéro étant toujours celui qui sera reconnu pour être le plus bas, on fera connaître, autant que possible, la hauteur de ce point au-dessus du niveau de la mer. Dans le cas où un ou plusieurs points du terrain seraient inférieurs au niveau de la mer, la cote zéro correspondra à ce niveau, et les cotes des points qui se trouveraient au-dessous auraient le signe négatif.

Art. 7.—Pour les cartes, quelque petite que soit l'échelle, on écartera toute considération de lumière, soit oblique, soit verticale.

N.B. Les décisions de la commission ont été approuvées par le ministre de la guerre, qui a ordonné de s'y conformer à l'avenir. Son Excellence a autorisé en outre le Dépôt de la guerre à se servir de l'échelle des teintes de M. le colonel Bonne, pour les travaux topographiques à exécuter dans cet établissement, et spécialement pour ceux que la gravure doit reproduire [3].

Les cartes annexées aux procès-verbaux des deux commissions sont intégralement reproduites, mais souvent dans un autre ordre que celui adopté par elles. Le format de ce recueil a nécessité cette mesure.

Les cartes de la première commission portent cette mention : *Commission topographique réunie en 1802*, et celles de la deuxième commission, celle-ci : *Commission de topographie réunie en 1828*. Des légendes explicatives de chacune de ces planches indiqueront les points où devra se porter l'attention du lecteur.

L'ordre chronologique demandait que les trois articles sur la composition des couleurs conventionnelles, sur les échelles et sur le langage topographique, vinssent immédiatement après le procès-verbal des délibérations de la commission de 1802, puisqu'ils n'en sont que les développements. On a cru devoir les renvoyer ici, afin de ne pas scinder le travail des deux commissions de topographie.

[2] Voir planches 13, 14 et 15 de ce recueil.
[3] Voir planche 19 où ces teintes sont exprimées.

EXPLICATION
DES TEINTES ET DES SIGNES CONVENTIONNELS.

DES TEINTES ADOPTÉES POUR LES PLANS-MINUTES DRESSÉS SUR LE TERRAIN.

(Voyez les planches 1, 2, 3, 4.)

Les quatre principales couleurs sont :

1° L'ENCRE DE LA CHINE ;

2° LE CARMIN ;

3° LA GOMME-GUTTE ;

4° LE BLEU INDIGO (remplacé aujourd'hui par le bleu de Prusse).

Nota. Dans la composition des teintes, on a employé pour base, ou mesure, la quantité de couleurs que contient un pinceau plein ; cette quantité se nomme partie. On suppose ces couleurs délayées séparément au plus haut degré de force qu'elles puissent atteindre sans cesser d'être liquides, ou telles qu'on les préparerait pour mettre un plan au trait.

DÉSIGNATION		COMPOSITION DES TEINTES.	OBSERVATIONS.
DES OBJETS.	DES TEINTES.		
Terres labourées pour les pays entièrement cultivés.			L'objet des teintes conventionnelles étant d'abréger le travail des plans-minutes sur le terrain, en indiquant par leur simple application les différentes productions de culture qui s'y rencontrent, on est convenu de laisser en blanc tout ce qui est labouré dans les pays entièrement cultivés, et d'indiquer par de petits parallélogrammes ponctués les pièces de terre ou champs d'une grandeur conforme à l'échelle du plan ; on marquera aussi les arbres fruitiers qui s'y trouvent renfermés.
Terres labourées dans les pays de montagnes.	Brun terre d'ombre, ou terre de Sienne calcinée.	3 parties de gomme-gutte, une partie de carmin ; 4/4 de partie d'encre de la Chine et 8 parties d'eau. (*Le tout pur.*)	Dans les pays de montagnes, tels que les Pyrénées, les Alpes, etc., toutes les parties de terrain sur lesquelles il ne se rencontrera pas des productions ou cultures désignées par des limites, resteront en blanc ; et comme les terres labourées ne s'y trouvent qu'en très-petites masses, ou ne sont que de petits champs enclos de haies ou de murs, on est convenu de les indiquer par la teinte ci contre.

DÉSIGNATION		COMPOSITION DES TEINTES.	OBSERVATIONS.
DES OBJETS.	DES TEINTES.		
Vignes.	Brun rouge ou approchant, terre de Sienne calcinée.	1 partie de gomme-gutte, 1 de carmin, 4/4 de partie d'encre de la Chine, 8 parties d'eau.	Quoique cette teinte soit beaucoup plus rouge que la précédente, il pourrait arriver qu'on ne les distinguât pas dans les montagnes, où les deux teintes se trouvent appliquées l'une contre l'autre sans séparation marquante, et en très-petites superficies. Pour obvier à ces inconvénients on croit qu'il serait nécessaire de couvrir la teinte des vignes de petits échalas noirs ; ce qui devient inutile dans les pays entièrement cultivés, où les terres labourées restent en blanc, et où les autres teintes qui pourraient toucher ou avoisiner celle des vignes sont absolument différentes.
Prairies.	Vert d'herbe	3 parties de gomme-gutte, 1 partie de bleu indigo et 8 à 10 parties d'eau.	
Vergers.	Vert d'herbe léger, ou terre d'ombre.	Le même vert que pour les prairies, réduit à moitié de son ton, ou une partie du vert ci-dessus, et 5 à 6 parties d'eau. La teinte terre d'ombre est la même que pour les terres labourées dans les montagnes.	Dans quelques pays, et surtout dans ceux de montagnes, comme, par exemple, dans les Basses-Pyrénées, au pays Basque, beaucoup de vergers sont labourés ; alors on mettra sur le fond de ceux-ci la couleur terre d'ombre, servant à indiquer les terres labourées dans les montagnes ; mais pour ceux qui se trouvent aussi labourés dans les pays entièrement cultivés, leur fond restera blanc.
Friches.	Panachée de vert pistache et aurore léger.	Même vert que celui des fonds de vergers, auquel on ajoutera un peu de gomme-gutte, pour lui donner la couleur pistache. L'aurore léger est composé d'une partie de gomme-gutte, 3/8 de partie de carmin et 10 à 12 parties d'eau.	

DÉSIGNATION DES OBJETS.	DES TEINTES.	COMPOSITION DES TEINTES.	OBSERVATIONS.
FORÊTS ET BOIS.	Jaune jonquille.	1 partie de gomme-gutte; et 7 à 8 parties d'eau.	
BROUSSAILLES.	Panachée de jaune paille et vert léger.	Le jaune paille : 1 partie de gomme-gutte et 14 à 16 d'eau. Le vert léger est le même que celui des fonds de vergers, auquel on ajoutera un peu de bleu.	
BRUYÈRES.	Panachée de vert et rose.	Pour la teinte rose, 1 partie de carmin, et 12 parties d'eau; la verte est la même que celle des fonds de vergers, à laquelle on ajoutera un peu de bleu.	
LANDES.	Vert olive et aurore.	Teinte vert olive : 1 partie de gomme-gutte, 1/2 partie de bleu indigo et 1/2 partie de la teinte rose, expliquée d'autre part, et 8 parties d'eau. L'aurore, la même que celle des friches.	La teinte aurore sert à indiquer les flaques de sable qui se trouvent dans les landes, telles qu'on en voit dans celles de Bordeaux; ces flaques sont couvertes d'eau pendant l'hiver.
SABLES.	Aurore.	2 parties de gomme-gutte, 3/4 de partie de carmin, et 16 parties d'eau.	Cette teinte étant devenue sèche et dans toute sa force, on la délayera avec 4 ou 5 parties d'eau, et on s'en servira pour renforcer les bords des bancs de sable, en l'adoucissant vers le milieu, et pour pointiller et piquer les sables.
VASE.	Boue.	1 partie de gomme gutte, un bon tiers de partie d'encre de la Chine, un peu de carmin et de bleu (*à la pointe du pinceau seulement*); et 20 à 24 parties d'eau.	On fera de même pour la vase que pour les sables, mais on ne pointillera pas.
TERRES HUMIDES.	Panachée horizontalement de vert et bleu.	Le même vert que celui des prairies; et, pour le bleu, 1 partie d'indigo et 8 à 10 parties d'eau.	

DÉSIGNATION DES OBJETS.	DES TEINTES.	COMPOSITION DES TEINTES.	OBSERVATIONS.
MARAIS.	Vert d'herbe et bleu léger.	Même vert que ci-dessus; le bleu léger : 1 partie d'indigo et 18 à 20 parties d'eau.	Les flaques d'eau, après la teinte plate indiquée ci-contre, seront ondulées horizontalement avec le bleu décrit ci-dessus pour les terres humides.
ÉTANGS. RIVIÈRES. FLEUVES. LACS.	Bleu léger.	Comme ci-dessus, une partie d'indigo, et 18 à 20 parties d'eau.	Après avoir mis la teinte plate bleu léger dans les étangs, les rivières, les fleuves et les lacs, on renforcera les bords, du côté de l'ombre, avec une teinte bleue, d'une partie d'indigo et 8 parties d'eau, qu'on appliquera le long du bord, d'une largeur convenable à l'étendue de l'objet, et qu'on adoucira vers son milieu; l'on fera la même chose le long des bords du côté du jour, avec une teinte à peu près moitié plus faible, plus étroite et également adoucie vers le milieu. Les étangs seront ondulés horizontalement plus fort du côté de l'ombre et légèrement du côté du jour. Les fleuves, les rivières et les lacs seront filés avec du bleu, d'une partie d'indigo et 8 parties d'eau, le long et parallèlement à leurs bords, en diminuant de force les filets, et en les écartant davantage à mesure qu'on s'éloigne du bord vers le milieu, pour le côté de l'ombre; celui du jour sera filé de même avec une teinte plus légère.
MERS.		1 partie d'indigo, 1/2 de gomme-gutte, et 20 à 24 parties d'eau.	Après la teinte plate, on renforcera aussi les bords du côté de la côte par une même teinte plus forte (1 partie d'indigo, 1/2 partie gomme-gutte et 8 à 10 parties d'eau), et d'une largeur d'environ un centimètre, en observant de ne pas l'appliquer tout contre le bord, mais à une distance d'un milimètre, et on l'adoucira vers le large; ensuite, pour imiter les vagues, on fera avec cette même teinte des sillons courts, tremblés, un peu courbes, et cependant parallèles à la côte, en les diminuant de force, et en les écartant à mesure qu'on s'éloignera de la côte vers le large.
BATIMENTS ET CONSTRUCTIONS.	Carmin.		

NOTA. A l'aide des indications ci-dessus, il sera facile de former un tableau où toutes les teintes soient appliquées dans leur ordre, afin d'avoir un régulateur pour le ton de celles qu'on voudra employer par la suite, et un moyen de les composer par imitation, sans recourir aux proportions de couleurs que nous avons indiquées.

ÉCHELLES GRAPHIQUES

Le mot *échelle* exprime le rapport de dimension existant entre le dessin et l'objet dessiné, soit que celui-ci soit grossi, ou qu'il soit diminué.

Un des membres de la commission de 1802 [1] a fait, comme développement du procès-verbal des délibérations de cette commission, un travail sur les échelles graphiques; il y expose la théorie de ces échelles et y indique l'emploi obligatoire, ou facultatif, que les officiers et les ingénieurs des divers services publics font, ou peuvent faire, de ces échelles, dans les arts qu'ils pratiquent, et spécialement en topographie.

Voici un extrait textuel de ce travail :

Une échelle géométrale n'est autre chose, comme l'on sait, qu'une ligne tracée sur le plan d'une projection, et divisée en parties égales dont chacune représente une grandeur égale, supérieure ou inférieure.

Ce qui distingue et caractérise les *échelles métriques*, c'est la propriété qu'elles ont d'être dans un rapport exact avec les divisions linéaires du système métrique.

Ces échelles sont toutes comprises dans deux séries, l'une ascendante, l'autre descendante, qui ont pour terme premier et commun l'unité, et dont les termes consécutifs se correspondent trois à trois, de telle sorte qu'une de ses triades, tracée sur le cuivre, y donne toutes les autres par un simple changement dans les dénominations.

Ces deux séries s'écrivent comme il suit :

SÉRIE ASCENDANTE.

1re triade.   2e triade.   3e triade.   4e triade.

$$1 : 2 : 5 :: 10 : 20 : 50 :: 100 : 200 : 500 :: 1000 : 2000 : 5000 :: \text{etc.}$$

SÉRIE DESCENDANTE.

1re triade.   2e triade.   3e triade.   4e triade.

$$1 : \tfrac{1}{2} : \tfrac{1}{5} :: \tfrac{1}{10} : \tfrac{1}{20} : \tfrac{1}{50} :: \tfrac{1}{100} : \tfrac{1}{200} : \tfrac{1}{500} :: \tfrac{1}{1000} : \tfrac{1}{2000} : \tfrac{1}{5000} : \text{etc.}$$

La série ascendante est évidemment formée des nombres premiers 1, 2, 5, diviseurs exacts du mètre, multipliés successivement par chacun des termes de la progression décimale :: $1 : 10 : 100 : 1000 :$ etc.

---

[1] Le chevalier Allent.

La série descendante est semblablement formée des nombres 1, $\tfrac{1}{2}$, $\tfrac{1}{5}$ multipliés successivement par chacun des termes de la série sous-décimale :: $\tfrac{1}{10}$, $\tfrac{1}{100}$, $\tfrac{1}{1000}$. etc.

L'unité, terme premier et commun des deux séries, donne l'échelle dans laquelle le millimètre représente une grandeur égale ou d'un millimètre.

Au delà de ce premier terme, la *série ascendante* offre toutes les échelles métriques dans lesquelles le millimètre représente une grandeur plus petite. Cette série contient toutes les échelles de cette espèce, qui servent à mesurer, sur leurs projections, les divisions des instruments et les détails des corps, lorsque ces divisions ou ces détails sont d'une dimension inférieure au millimètre : elle s'étend jusqu'aux images des corps microscopiques, grossis par les instruments les plus puissants de l'optique. Nous nous bornerons à indiquer cette série, étrangère à la topographie, et dont les premiers termes, tout au plus, peuvent quelquefois servir à rendre sensibles les divisions ou les détails des instruments les plus délicats de la géodésie.

La *série descendante* contient, au delà du premier terme, toutes les échelles métriques dans lesquelles le millimètre représente une grandeur plus considérable. Cette série donne toutes les échelles qui servent à mesurer, sur leurs projections, les corps ou le terrain, lorsque les plus petits détails, qu'il importe d'apprécier, sont plus grands que le millimètre. Elle descend jusqu'aux mappemondes, et jusqu'aux projections du système solaire. C'est dans la même série que se trouvent les échelles les plus usitées en topographie, et en général dans les divers services publics; il importe, sous ce rapport, de la développer. Tel est l'objet du tableau suivant.

Ce tableau développe les premières triades de la série descendante, et s'arrête au point où la série n'offre plus que des échelles très-petites, et qu'on emploie rarement dans les services publics.

Les deux premières colonnes du tableau ne contiennent que les *numéros d'ordre* des triades et des échelles.

La troisième et la quatrième colonne représentent les *rapports des échelles métriques* entre elles et avec les grandeurs qu'elles représentent. Ces rapports y sont indiqués de deux manières :

1° En nombres abstraits, par des fractions dont chacune a pour numérateur l'*unité* de l'échelle, et pour dénominateur le nombre égal, supérieur ou inférieur, que cette unité représente;

2° En mesures métriques, par l'espèce et le nombre de ces mesures que représente le *millimètre* sur l'échelle de la projection.

Nous avons adopté le *millimètre*, comme terme commun de comparaison des échelles et des grandeurs qu'elles représentent, parce que cette dernière division du mètre est la plus petite dimension qu'on puisse apprécier sur le plan de projection, sans le secours des instruments. Ce terme de comparaison est donc propre à déterminer la *limite* de chaque échelle, eu égard au *minimum* de grandeur qu'il importe d'apprécier facilement sur la projection.

La cinquième colonne, consacrée à l'emploi des *échelles métriques*, indique d'abord cet usage en général, et d'après la limite de chaque échelle. Elle donne ensuite les applications les plus remarquables des échelles adoptées dans les services publics, soit en vertu des lois et des règlements qui les prescrivent, soit à raison des propriétés qui les rendent préférables.

TABLEAU des premières triades de la série descendante des **ÉCHELLES MÉTRIQUES** indiquant leurs rapports et l'emploi qu'on en fait dans les services publics.

NUMÉROS D'ORDRE		RAPPORT DES ÉCHELLES		EMPLOI DES ÉCHELLES MÉTRIQUES DANS LES SERVICES PUBLICS.
des triades.	des échelles.	en nombres abstraits.	en mesures métrique[1].	
	1°	1	1m	Cette triade renferme les échelles propres aux diverses projections des instruments, machines, épures, modèles, panneaux ou appareils en usage dans les divers services publics, et chacune de ces échelles y est employée suivant que la plus petite grandeur, qu'il importe d'apprécier facilement sur le plan de projection, est égale à 1, 2 ou 5 millimètres.
I.	2°	$\frac{1}{2}$	2m	
	3°	$\frac{1}{5}$	5m	
	4°	$\frac{1}{10}$	1c	Les échelles de cette triade s'appliquent aux projections variées des constructions de l'architecture civile, militaire ou maritime, suivant que la plus petite grandeur, qu'il importe d'apprécier facilement sur le plan de projection est égale à 1, 2 ou 5 centimètres.
II.	5°	$\frac{1}{20}$	2c	
	6°	$\frac{1}{50}$	5c	

[1] Nous distinguerons dans cette colonne les diverses mesures métriques par les signes suivants :
Millimètres...................... m.
Centimètres...................... c.
Décimètres....................... d.
Mètres........................... M.
Décamètres....................... D.
Hectomètres...................... H.
Kilomètres....................... K.
Myriamètres...................... M.

NUMÉROS D'ORDRE		RAPPORT DES ÉCHELLES		EMPLOI DES ÉCHELLES MÉTRIQUES DANS LES SERVICES PUBLICS.
des triades.	des échelles.	en nombres abstraits.	en mesures métriques.	
	7°	$\frac{1}{100}$	1d	Les échelles de cette triade conviennent aux plans topographiques et d'arpentage, lorsqu'il importe d'apprécier facilement sur ces plans les grandeurs de 1, 2 ou 5 *décimètres*. Tels sont les plans terriers, levés en exécution de la loi du 16 septembre 1807 et de l'ordonnance du 1er août 1821, lorsqu'il s'agit de réunir à la voie publique ou au domaine militaire des parcelles situées dans l'intérieur des villes où le terrain est précieux et se vend au mètre carré. Le Comité des Fortifications a adopté l'échelle de $\frac{1}{500}$ comme propre à remplacer celle de $\frac{1}{576}$, ou d'un pied pour cent toises, employée dans la construction des plans de places de guerre.
III.	8°	$\frac{1}{200}$	2d	
	9°	$\frac{1}{500}$	5d	
	10°	$\frac{1}{1000}$	1M	Les échelles de cette triade conviennent aux plans topographiques et d'arpentage sur lesquels la plus petite grandeur qu'il importe d'apprécier facilement est égale à 1, 2 ou 5 *mètres*. Tels sont les plans prescrits, par la loi du 16 septembre 1807, pour la circonscription des marais à dessécher et pour les alignements des villes, toutes les fois que la plus petite surface, qu'il importe d'apprécier sur ces plans avec facilité, est égale à 1, 4 ou 25 *centiares*. L'échelle de $\frac{1}{1000}$ est prescrite pour le *plan de circonscription du terrain militaire* et du *terrain soumis aux servitudes défensives*, autour des places de guerre. (Art. 15 de l'ordonnance du 1er août 1821, rendue pour l'exécution des lois du 10 juillet 1791 et du 17 juillet 1819.) L'échelle de $\frac{1}{2000}$ est prescrite pour les plans préparatoires, destinés à déterminer le choix des capitales et les limites des polygones. (Circulaire du Ministre de la Guerre, du 4 février 1824.) L'échelle de $\frac{1}{5000}$ a été adoptée par le Dépôt de la Guerre et par le Comité des Fortifications pour les reconnaissances militaires, pour le levé des plans des places de guerre, des villes, etc. Elle remplace l'échelle des *plans directeurs*, fixée à $\frac{1}{1800}$ (4 pouces pour 100 toises) par l'ordonnance du 31 déc. 1776, tit. V, art. 14 [1].
IV.	11°	$\frac{1}{2000}$	2M	
	12°	$\frac{1}{5000}$	5M	

[1] C'était à l'échelle de $\frac{1}{2000}$ que devaient être levés d'abord les plans parcellaires du cadastre général de France. Cette échelle a été ensuite fixée au $\frac{1}{2500}$ (*Règlement général*, art. 15.) Nous verrons, dans le 2° du présent §, à quelle série appartient cette dernière échelle.

Suite du TABLEAU des premières triades de la série descendante des ÉCHELLES MÉTRIQUES.

| NUMÉROS D'ORDRE | | RAPPORT DES ÉCHELLES | | EMPLOI DES ÉCHELLES MÉTRIQUES |
des triades.	des échelles.	en nombres abstraits.	en mesures métriques.	DANS LES SERVICES PUBLICS.
V.	13°	$\frac{1}{10000}$	1 D	Cette triade renferme les trois échelles qui conviennent le mieux au levé, à la réduction et à la gravure des cartes destinées à donner la *topographie complète* d'un pays, et généralement des cartes sur lesquelles la plus petite grandeur qu'il importe d'apprécier facilement est égale à 1, 2 ou 5 *décamètres*, 1, 4 ou 25 *ares*[1]. Le Comité des Fortifications a adopté l'échelle de $\frac{1}{10000}$ pour remplacer l'échelle ancienne du plan topographique des places de guerre et de leurs environs, prescrit par l'ordonnance du 31 décembre 1776, tit. V, art. 15. C'est aussi l'échelle des cartes-reliefs destinées à l'étude du terrain, des tableaux d'assemblage du cadastre général. Enfin la loi du 21 avril 1810 (art. 29 et 30) fixe à $\frac{1}{10000}$ (dix millimètres pour cent mètres) l'échelle du plan de délimitation des concessions de mines. — Nous signalons cet exemple d'une *échelle légale*, c'est-à-dire d'une échelle dont l'emploi a paru devoir être uniforme et constant, au point qu'on a jugé possible et utile de lui donner la fixité de la loi.
	14°	$\frac{1}{20000}$	2 D	
	15°	$\frac{1}{50000}$	5 D	
VI.	16°	$\frac{1}{100000}$		Les échelles de cette triade conviennent aux *cartes chorographiques* ou d'assemblage sur lesquelles la plus petite grandeur qu'il importe d'apprécier est égale à 1, 2 ou 5 hectomètres; 1, 4 ou 25 hectares. C'est dans cette triade qu'il faudrait choisir l'échelle de la carte prescrite par l'ordonnance du 18 septembre 1846, art. 7, pour qu'elle donnât tout à la fois les *limites militaires* de la zone des *frontières*, et les *rapports des places* entre elles, et avec les accidents du terrain, les communications de terre et d'eau, et les autres objets propres à favoriser la défense du territoire ou l'offensive de l'ennemi.
	17°	$\frac{2}{200000}$	2 H	
	18°	$\frac{1}{500000}$	5 H	

[1] Le Dépôt de la Guerre avait d'abord adopté les échelles de $\frac{1}{10000}$, de $\frac{1}{20000}$ et $\frac{1}{50000}$ pour les levés, la réduction et la gravure de la nouvelle carte de France. Des raisons tirées du temps et de la dépense ont obligé le Dépôt à adopter l'échelle de $\frac{1}{40000}$ pour une partie des levés, et celle de $\frac{1}{80000}$ pour la gravure. Nous verrons dans le 2o du présent §, à quelle série appartiennent ces dernières échelles, qui sont décimales, mais en dehors du système métrique proprement dit.

| NUMÉROS D'ORDRE | | RAPPORT DES É | | EMPLOI DES ÉCHELLES MÉTRIQUES |
des triades.	des échelles.	en nombres abstraits.	en mesures métriques.	DANS LES SERVICES PUBLICS.
VII.	19°	$\frac{1}{1000000}$	1 K	Les échelles de cette triade conviennent aux *cartes géographiques* des États ou des parties du monde sur lesquelles la plus petite grandeur qu'il importe d'apprécier avec facilité, est égale à 1, 2 ou 5 kilomètres linéaires ; 1, 4, 25 kilomètres carrés. La belle carte physique de l'Europe, par M. Denaix, est à l'échelle de $\frac{1}{5000000}$.
	20°	$\frac{1}{2000000}$	2 K	
	21°	$\frac{1}{5000000}$	5 K	
VIII.	22°	$\frac{1}{10000000}$	1 M	Les échelles de cette triade conviennent aux *cartes géographiques à petit point*, aux *mappemondes* et aux *cartes réduites du globe*, aux sphères ou *globes terrestres*, sur lesquelles la plus petite grandeur qu'il importe d'apprécier avec facilité, est de 1, 2, 5 *myriamètres*. A ces échelles, le quart du méridien est d'un mètre, de cinq ou de deux décimètres.
	23°	$\frac{1}{200000000}$	2 M	
	24°	$\frac{1}{500000000}$	5 M	

Nous croyons inutile de pousser plus loin le tableau de la série descendante des *échelles métriques*. Les cartes, dont les échelles sont prises dans la deuxième et la troisième triade, ne sont que dans des cas fort rares exécutées aux frais de l'État par les soins des Dépôts de la Guerre ou de la Marine.

Supposons maintenant que cette même série soit ordonnée par rapport aux échelles 1, $\frac{1}{2}$, $\frac{1}{5}$; en plaçant dans un même groupe chacune de ces trois échelles, avec les sous-multiples décimaux qui en dérivent, le tableau pourra être mis sous cette forme :

Millimètre	1	a'
Centimètre	$\frac{1}{10}$	b'
Décimètre	$\frac{1}{100}$	c'
1 Mètre	$\frac{1}{1000}$	d'
Décamètre	$\frac{1}{10000}$	e'
Hectomètre	$\frac{1}{100000}$	f'
Kilomètre	$\frac{1}{1000000}$	g'
Myriamètre	$\frac{1}{10000000}$	h'

ÉCHELLE
DE
1 MILLIMÈTRE POUR

2

Millimètres	$\frac{1}{2}$		d''
Centimètres	$\frac{1}{20}$		b''
Décimètres	$\frac{1}{200}$		c''
Mètres	$\frac{1}{2000}$		d''
Décamètres	$\frac{1}{20000}$		e''
Hectomètres	$\frac{1}{200000}$		f''
Kilomètres	$\frac{1}{2000000}$		g''
Myriamètres	$\frac{1}{20000000}$		h''

Millimètres	$\frac{1}{5}$		a'''
Centimètres	$\frac{1}{50}$		b'''
Décimètres	$\frac{1}{500}$		c'''
Mètres	$\frac{1}{5000}$		d'''
Décamètres	$\frac{1}{50000}$		e'''
Hectomètres	$\frac{1}{500000}$		f'''
Kilomètres	$\frac{1}{5000000}$		g'''
Myriamètres	$\frac{1}{50000000}$		h'''

De cette forme nouvelle, on peut déduire une nouvelle propriété du système des échelles métriques : c'est qu'il suffit de tracer, sur une règle, les échelles de la première triade $1, \frac{1}{2}, \frac{1}{5}$, pour que chacune de ces trois échelles convienne à ses sous-multiples décimaux, par un simple changement dans la dénomination de la mesure métrique que l'échelle doit représenter.

Ces trois échelles y sont semblablement divisées en centimètres, dont l'un est subdivisé en millimètre, et chaque millimètre représente

1° Sur la 1re échelle, 1 { Millimètre, ou......
Centimètre, ou......
Décimètre, ou...... etc., etc.

2° Sur la 2e échelle, 2 { Millimètres, ou......
Centimètres, ou......
Décimètres, ou...... etc., etc.

3° Sur la 3e échelle, 5 { Millimètres, ou......
Centimètres, ou......
Décimètres ou...... etc., etc.

On voit qu'à la rigueur une seule échelle pourrait suffire, si l'on y donnait successivement au millimètre la valeur de 1 ou 2 ou 5 millimètres, ou centimètres, ou décimètres, etc.

Il nous reste à signaler une dernière propriété des échelles métriques : leur rapport exact avec les divisions du mètre permet de mesurer sur la carte les dimensions ou les distances, par la simple application du double décimètre : propriété précieuse à la guerre, en voyage, et dans tous les cas où l'on a besoin d'une évaluation rapide.

2° Des Échelles géométrales qui sont en dehors du Système métrique.

La Commission topographique de 1802 espérait que les échelles métriques suffiraient à tous les besoins des services publics, et elle avait émis le vœu que les services qui n'avaient encore que des échelles arbitraires, ou dérivées du système ancien des mesures linéaires, y substituassent des échelles prises dans la série que nous venons de développer. C'est, comme le tableau l'indique, ce qu'on a fait dans plusieurs services publics, où les échelles métriques ont été prescrites et fixées par des lois ou par des règlements.

Mais en 1808, lorsqu'on abandonna le cadastre par masses de cultures pour le cadastre parcellaire, tout en adoptant pour les tableaux d'assemblage l'échelle métrique de $\frac{1}{10000}$, on ne put admettre, pour les plans parcellaires, ni l'échelle de $\frac{1}{1000}$, que l'on trouva trop grande, ni celle de $\frac{1}{2000}$, qui parut trop petite. Le règlement général, art. XV, fixe cette échelle à $\frac{1}{1250}$, dans laquelle le millimètre linéaire ou carré représente le *quart* du décamètre (2 mètres 1/2) ou le *seizième* de l'are (6 centiares 3/4), et que ces fractions mêmes signalent comme étant *hors de la série des échelles métriques*.

Les habitudes du peuple, plus fortes que les bonnes raisons des savants, ont obligé le Gouvernement, en 1812, d'adopter, pour les besoins ordinaires et journaliers de la vie, des divisions et des multiples du mètre pris dans les systèmes binaire et duodécimal. L'arrêté du ministre de l'intérieur du 28 mars 1812, rendu pour l'exécution d'un décret du 12 février précédent, a autorisé la fabrication et l'usage d'une *toise métrique*, égale au double-mètre et divisée, comme l'ancienne toise, en pieds, pouces et lignes. Il en est résulté que, dans les arts et métiers avec lesquels la plupart des services publics ont des rapports nécessaires, on fait usage d'échelles divisées en pieds, pouces et lignes métriques, et dont les divisions sont par conséquent $\frac{1}{12}$ ou $\frac{1}{144}$ ou $\frac{1}{1728}$ du mètre[1].

Enfin des considérations tirées du temps et de la dépense qu'exigent le levé et la gravure de la nouvelle carte de France ont obligé d'adopter, pour une partie des levés, l'échelle de $\frac{1}{10000}$, et pour la gravure, celle de $\frac{1}{20000}$. Ces échelles, double et quadruple d'une échelle métrique, celle de $\frac{1}{40000}$,

[1] Le décret du 12 février 1812, qui a consacré cette altération du système métrique, n'a été rendu qu'après une vive et longue discussion, dans laquelle le Conseil d'État, présidé par le chef du gouvernement, a cherché tous les moyens d'échapper à cette anomalie. Mais les faits mis sous les yeux du Conseil ont prouvé que les habitudes et, jusqu'à un certain point, les besoins du peuple résistaient invinciblement aux divisions métriques ; qu'il en résultait des infractions continuelles et multipliées aux lois et aux règlements qui rendaient ces divisions obligatoires, et que l'emploi des divisions prohibées de l'ancien système des poids et mesures tendait à perpétuer aussi, dans les usages vulgaires, l'emploi des anciennes unités de ce système. Il a fallu reconnaître, qu'en adoptant le système métrique, on n'avait pas supprimé le *tiers* et le *quart* ; que l'emploi de ces fractions était nécessaire et fréquent dans les usages de la vie et dans la pratique des arts, et que leur expression, en divisions légales du mètre, manquait du simplicité ; que le propre d'un bon système des poids et mesures était de satisfaire à tous les besoins ; qu'en admettant les divisions ternaires et quaternaires, on obtiendrait un premier et précieux avantage, celui de rendre populaires les unités du système métrique ; qu'en gravant, sur les divisions ternaires et quaternaires, leurs rapports avec les divisions décimales, on accoutumerait aussi le peuple à ces dernières, et que les calculateurs, en n'opérant que sur les divisions métriques, conserveraient tous les avantages du calcul décimal. Il a paru utile de consigner ici les motifs du décret de 1812, qui sont mal exposés ou dénaturés dans quelques écrits.

s'écartent le moins possible de la série, mais n'y sont point comprises, puisque le millimètre y représente des fractions de l'hectomètre autres que la moitié et le cinquième [1].

Ces exceptions et quelques autres prouvent que les propriétés des échelles métriques sont parfois balancées par des considérations étrangères à la science, et obligent à choisir des échelles hors de la série que nous venons de développer.

Mais alors il importe d'adopter, pour les projections de même nature, des échelles corrélatives, et qui appartiennent à des séries dont les lois soient simples et connues.

Hors du système métrique, on ne peut trouver d'échelles qui soient tout à la fois corrélatives et d'un usage commode, que dans les combinaisons des nombres 1, 2, 3, 4, 5. Les combinaisons où l'on fait entrer des nombres premiers d'un ordre supérieur ont été naturellement exclues des applications ordinaires du dessin géométral. En effet, quelle que soit la hauteur où le génie s'élève dans les spéculations de la géométrie, telles sont dans la pratique des arts les limites de l'esprit humain, qu'il repousse invinciblement les combinaisons de nombres et de grandeurs qui ne sont pas simples et d'une facile appréciation.

Considérons d'abord la plus simple de toutes les séries, celle qu'on peut former avec le nombre 2, multiplié par lui-même.

La série descendante, la seule qu'il importe ici de développer sera $:: 1 : \frac{1}{2} : \frac{1}{4} : \frac{1}{8} : \frac{1}{16}$, etc.

Cette série est applicable à tous les cas où l'on doit faire usage, par convenance ou par nécessité, d'échelles qui soient sous-doubles l'une de l'autre.

Mais, sans sortir du dessin géométral, les échelles binaires conviennent aux profils d'interpolation dans lesquels on a à représenter graphiquement les divisions binaires de certaines mesures, telles que l'aune ou la livre métrique.

Si l'on multiplie successivement la série binaire $1 : \frac{1}{2} : \frac{1}{4} : \frac{1}{8}$, par les séries métriques $:: 1 : \frac{1}{10} : \frac{1}{100}$, etc.; $:: 1 : \frac{1}{16} : \frac{1}{100}$, etc.; $:: 1 : \frac{1}{50} : \frac{1}{500}$, etc., on obtiendra un grand nombre de séries décimales, dont les termes appartiendront, en partie, au système métrique, et seront en partie hors de ce système.

Nous nous bornerons à ordonner ici, comme exemple, les séries décimales produites par la combinaison de la progression binaire $:: 1 : \frac{1}{2} : \frac{1}{4} : \frac{1}{8}$, etc., et de la progression métrique $:: 1 : \frac{1}{10} : \frac{1}{100}$, etc. Cette combinaison donne les progressions suivantes :

$$\frac{1}{10} : \frac{1}{20} : \frac{1}{40} : \frac{1}{80}, \text{etc.}; \;:: \frac{1}{100} : \frac{1}{200} : \frac{1}{400} : \frac{1}{800}, \text{etc.}; \;:: \frac{1}{1000} : \frac{1}{2000} : \frac{1}{4000} : \frac{1}{8000}, \text{etc.};$$
$$:: \frac{1}{10000} : \frac{1}{20000} : \frac{1}{40000} : \frac{1}{80000}, \text{etc.}$$

On reconnaîtra sans peine que ces progressions, en reproduisant une partie

---

[1] Le millimètre linéaire ou carré donne, à ces échelles, les $\frac{2}{5}$ ou les $\frac{4}{5}$ de l'hectomètre; les $\frac{4}{25}$ ou les $\frac{16}{25}$ de l'hectare (4 et 8 décimètres—16 et 64 ares).

des échelles du système métrique, offrent un grand nombre d'échelles décimales qui sont en dehors de ce système; telles sont les échelles de $\frac{1}{15}$, $\frac{1}{...}$, etc., qui, dans les termes plus élevés, donnent les échelles de $\frac{1}{1000}$ et de $\frac{1}{10000}$ adoptées pour une partie des levés et pour la gravure de la nouvelle carte de France. Ces dernières échelles sont donc une combinaison du système binaire et du système métrique, c'est-à-dire la plus simple que l'on pût choisir, dès qu'on était obligé d'adopter d'autres diviseurs que ceux du mètre.

Nous ne dirons qu'un mot du système ternaire, qui résulte de la série $:: 1 : \frac{1}{3} : \frac{1}{9}$: etc.; combinée avec les séries métriques $:: 1 : \frac{1}{10} : \frac{1}{100}$: etc., $:: 1 : \frac{1}{10} : \frac{1}{100}$: etc., $:: 1 : \frac{1}{50} : \frac{1}{500}$: etc. Ces combinaisons offrent des séries qui ne sont applicables que lorsqu'on a besoin d'échelles qui soient sous-triples l'une de l'autre, ou qui donnent un terme intermédiaire entre deux échelles métriques.

Nous arrivons à des séries plus remarquables, celles que produit la combinaison de la série binaire $:: 1 : \frac{1}{5} : \frac{1}{25}$: etc., avec les trois séries métriques. En effet, le nombre 5 étant, comme le nombre 2, l'un des éléments du système métrique, offre, dans cette combinaison, des séries d'échelles décimales qui s'écartent le moins possible de ce système. Les échelles quinaires sont donc, après les échelles binaires, celles qu'il faut employer de préférence.

Nous nous bornerons à développer ici la combinaison de la série quinaire $:: 1 : \frac{1}{5} : \frac{1}{25}$: etc., avec la première des séries métriques $:: \frac{1}{10} : \frac{1}{100} : \frac{1}{1000}$: etc. Cette combinaison produit les progressions suivantes :

$$\frac{1}{10} : \frac{1}{50} : \frac{1}{250} : \text{etc.}, \;:: \frac{1}{100} : \frac{1}{500} : \frac{1}{2500} : \text{etc.,}$$

dont l'un des termes donne, comme on le voit, l'échelle de $\frac{1}{2500}$ adoptée pour les plans parcellaires du cadastre général.

Jusqu'ici nous avons considéré séparément chacun des nombres premiers 2, 3 et 5. La combinaison de ces nombres deux à deux donne des séries bino-ternaires, bino-quinaires et terno-quinaires, que l'on peut combiner ensuite avec les trois séries métriques. Il serait long et peu utile de développer ces combinaisons qui manquent la plupart de simplicité.

Il faut en excepter toutefois les échelles bino-ternaires qui sont prises dans les divisions et dans les multiples de la toise ou du pied métrique. Ainsi que nous l'avons remarqué, ces échelles sont et seront encore longtemps utiles aux arts qui emploient les mesures de tolérance, autorisées par le décret et par l'arrêté des 12 février et 22 mars 1812. Cependant il faut reconnaître que les artistes, même les moins éclairés, s'accoutument à exécuter les instruments et les autres ouvrages qui leur sont commandés par les ingénieurs, d'après des épures ou dessins dont les échelles sont en millimètres. Plusieurs même préfèrent ces dernières échelles, parce qu'elles donnent, sur des instruments poinçonnés, des divisions plus petites que la ligne.

Nous ne pousserons pas plus loin ces développements. En les continuant, on arriverait aux limites de tous les systèmes d'échelles corrélatives. Il n'y a plus au delà que des échelles qui n'appartiennent à aucun système, et qui sont déterminées, pour le besoin, d'après un rapport spécial, tel que celui des cadres du levé, de la réduction et de la gravure, quand les dimensions des cadres sont données par des conditions de format et d'uniformité.

DU LANGAGE TOPOGRAPHIQUE[1]

Rien n'est plus dangereux à la guerre que l'emploi des expressions mal définies, et qui peuvent offrir à l'officier général un autre sens que celui qu'y attache l'officier chargé de reconnaître le pays.

Bourcet et quelques autres écrivains militaires avaient déjà senti cet inconvénient; ils ont cherché à y remédier, et, dans ce but, ils ont donné, en tête de leurs mémoires, quelques définitions des mots généralement adoptés ou consacrés partiellement par l'usage, pour la description des formes et des accidents du terrain : mais cette utile nomenclature n'en est pas moins restée incomplète; et, en parlant des montagnes, on a peine encore à s'entendre sur la véritable acception des mots *chaîne, contre-fort, vallon, val, gorge, col, berge, plateau, combe,* etc. Il reste à faire, à cet égard, un travail qui comprenne tout ce qui a rapport aux montagnes, aux cours d'eau et aux rivages de la mer : en attendant qu'il se trouve quelqu'un qui, avec plus de loisir et de connaissances, veuille bien s'en charger, nous croyons utile d'en donner une idée, en esquissant ici ce que nous entendons par plusieurs des mots trop vaguement employés dans beaucoup de mémoires et de reconnaissances.

On confond assez souvent les mots de *mont* et de *montagne,* pour désigner une élévation considérable de la surface du globe, faisant ou non système avec d'autres élévations; mais, outre la différence que met entre ces mots celle du style où on les emploie, l'expression de *montagne,* prise au singulier, a quelque chose de plus abstrait, celle de *mont* est plus relative : ainsi l'on dit qu'on a reconnu la montagne, et qu'on a traversé le mont Saint-Bernard, le mont Cenis. Le nom de la localité doit toujours accompagner le mot relatif de *mont,* au lieu que le mot générique de *montagne* peut s'en passer. De ces deux mots au pluriel, le premier s'applique généralement aux élévations dont le nom propre est masculin : on dit les monts Ourals, les monts Crapacks, les monts Apennins; souvent même, en ce cas, on sous-entend le mot de *mont,* et l'on n'énonce que le nom propre, comme quand on parle des Apennins, de l'Atlas, du Caucase, des Apalaches, etc. Au pluriel, le nom de *montagnes* s'applique plus ordinairement aux élévations, ou à un enchaînement de sommités dont la dénomination est du genre féminin; on dit les montagnes des Cordillères ou des Andes, de la Lune, des Pyrénées, des Alpes, etc. Le mot *montagne* prend toujours à sa suite l'article *du* ou *de,* et diffère en cela de celui de *mont,* qui ne le prend presque jamais. En général, ce dernier désigne le point culminant d'une chaîne, le noyau pyramidal d'un système de montagnes, ou un relèvement considérable et isolé de la chaîne : tels sont le mont Blanc, le mont Iseran, le Saint-Bernard, le Saint-Gothard, le Brenner, dans les chaînes principales; le mont Dore, le Vésuve, le Feldberg, dans les chaînes secondaires; l'Etna, le mont Ida, dans les îles.

On appelle *pic* une montagne de forme conique très-élevée, et qui domine d'une manière très-saillante, soit la plaine qui lui sert de base, soit un système d'autres montagnes qui lui servent de gradins.

Quelquefois, quand le pic est très-allongé et qu'il prend la forme prismatique légèrement conoïde, on lui donne le nom d'*aiguille,* et, dans quelques localités, celui de *dent;* telles sont, dans les Pyrénées, les aiguilles de Troumouse[2], et dans les Alpes la dent de Jaman : mais plus ordinairement on désigne par le nom d'*aiguilles,* et même d'*aiguillons,* ces découpures aiguës de rochers qui terminent une sommité, ou qui couronnent l'arête d'une chaîne âpre et ravinée.

Ce que nous avons déjà dit des grands *plateaux* du globe indique assez ce que nous entendons par cette dénomination : c'est, en petit, un mont ou un pic tronqué; c'est, en grand, une plaine élevée au centre des monts qui lui servent de base, et du périmètre de laquelle s'échappent, dans tous les sens, des cours d'eau et des chaînes de montagnes[3].

Nous regardons comme *chaîne principale* d'un système de montagnes celle des revers ou des points culminants de laquelle dérivent les grands

---

[1] Ces définitions sont extraites, par le général Vallongue, d'un travail qu'avait préparé le colonel Muriel.

[2] *Voyage au mont Perdu,* p. 252.

[3] Nous manquons encore de mots, simples ou composés, mais uniques, pour désigner les *noyaux des groupes de montagnes* qui ne sont pas des plateaux; les *groupes isolés* et remarquables, tels que celui des Sept-Montagnes; les *nœuds des chaînes et les contre-forts,* où les faites se rencontrent, etc. — Quelques expressions, traduites ou imitées de l'allemand, ou composées de mots grecs, ont été écrites, dans la crainte, peut-être exagérée, d'un néologisme plus incommode que les périphrases.

3

cours d'eau, considérés relativement à un grand réservoir, tel que l'océan et les méditerranées : les géologues la reconnaissent à sa nature granitique, et l'appellent assez communément *primaire*[1]. Nous ne rejetons pas cet indice, que nous recommandons d'observer autant qu'il sera possible : mais il n'est pas toujours noté sur les cartes; nous nous en tenons à la surface du terrain, et des yeux militaires n'ont pas souvent le moyen ou le besoin d'aller au delà : nous avons donc besoin de caractères plus évidents et plus faciles à reconnaître et à indiquer. Nous ne suivons même pas, avec Buache, le raccordement des grandes chaînes au delà de la sphère où s'exercent, dans leur plus grande étendue, nos rapports militaires et politiques. Ainsi, en descendant le Saint-Gothard, nous laisserons courir, à la gauche du Rhône, la chaîne qui, sous le nom de grandes Alpes, va ceindre le nord-ouest de l'Italie, et s'abaisser au sud dans les Apennins; nous suivrons de l'œil ce gigantesque embranchement qui règne entre l'Aar et le Rhône, se fond en heurtant à l'ouest le Jura, se courbe au sud dans l'Ardèche, et va par les Cévennes se rattacher aux Pyrénées; nous reconnaîtrons à l'est la chaîne principale, non dans celles de ses branches qui renferment les affluents du Danube supérieur[2], mais dans cette arête qui, formant au sud le rempart du Tyrol, se courbe vers le sud-est pour ceindre la grande vallée de l'Adriatique, et qui, divergeant vers le Balkan et se ramifiant dans la Grèce, projette les caps de la mer Noire et de l'Archipel. Peu nous importe qu'elle se relève ensuite au Caucase, à l'Atlas, au mont Ida; nul intérêt ne nous porte à suivre au loin son incertaine continuité.

On confond souvent la chaîne secondaire avec le contre-fort, surtout quand ce dernier a une certaine étendue : mais comme nous n'adoptons pas le terme de *chaîne primaire*, nous estimons que ce qui était désigné par *chaîne secondaire* le serait mieux par le mot d'*embranchement;* celui de *chaînon* serait encore plus convenable. Quoi qu'il en soit, nous définirons cette subdivision de la chaîne principale une série irrégulière, mais assez suivie, de hauteurs, qui, se détachant de la chaîne principale, prend, à plus ou moins de distance de son point de départ, une direction qui tend au parallélisme, et forme les grandes vallées longitudinales ou légèrement inclinées à l'axe de la chaîne : c'est ainsi qu'on peut considérer les Apennins, le Jura, les Vosges, les montagnes Noires.

Le *contre-fort* ne diffère du chaînon qu'en ce qu'il a moins d'étendue; que sa direction, par rapport à l'axe de la chaîne, s'approche plus de la perpendiculaire, qu'il n'accompagne et n'alimente pas toujours un grand cours d'eau, et qu'il se termine ordinairement, soit en s'abaissant dans une vallée longitudinale ou d'une manière abrupte sur la côte. Les contre-forts forment les vallées transversales.

---

[1] Les chaînes-limites *des grands bassins maritimes* appartiennent souvent aux *terrains secondaires*, et même à ceux d'un ordre inférieur.

[2] C'est cette branche qui sépare les bassins de l'Océan et de la Méditerranée, et qui forme, non sous les rapports de la géologie, mais sous les rapports hydrographiques, la chaîne centrale de l'Europe.

Les subdivisions des chaînons et des contre-forts qui ont quelque étendue, et qui forment les vallons latéraux de la vallée principale, se nomment *rameaux*.

Un contre-fort très-court, tel qu'on en trouve à l'origine bifurquée d'une vallée, peut être considéré comme un renflement de la chaîne.

On donne le nom d'*appendice* au renflement d'un chaînon ou d'un contre-fort.

Les rameaux se subdivisent en *collines*, entre lesquelles se trouvent les berceaux des ruisseaux.

On donne assez communément le nom de *coteau* au versant cultivé d'une colline, ou à une partie de celui d'une montagne; mais on entend aussi par ce mot un appendice de la colline.

Les *mamelons* sont les derniers reliefs arrondis et isolés de la surface du terrain, par lesquels la pente générale des hauteurs voisines se raccorde avec le glacis ou plan légèrement incliné, selon lequel la plaine, ou l'un des côtés du fond de la vallée, penche vers le récipient de ses eaux.

Le nom d'*arête* est appliqué à l'intersection obtuse ou aiguë des plans que forment les deux versants d'une chaîne, ligne qui détermine le partage des eaux des deux revers opposés : c'est le *faîte* de la montagne.

Le mot de *crête* est plus employé pour désigner l'arête ou le faîte du contre-fort.

Quoique l'on confonde souvent les mots de *cime* et de *sommet*, cependant ce que signifie le premier se trouve plus ordinairement dans les hauteurs du premier ordre; l'un et l'autre désignent toujours le point le plus élevé d'une hauteur cunéiforme.

Le plan général des contre-forts étant, malgré le relèvement partiel de leur crête, dans celui de pente générale que la chaîne d'où ils émanent produit sur chacun de ces versants, et leur masse soutenant de part et d'autre celle de la chaîne au point où ils s'y attachent, il y a relèvement de la chaîne à ce point. Pareille chose arrive à la rencontre des deux autres contre-forts, qui, de chaque côté, se détachent parallèlement aux premiers; d'où il suit deux prélèvements de la chaîne assez rapprochés, dont l'intervalle se nomme *col :* c'est ordinairement le point où l'arête paraît faire une inflexion, et qui offre un passage d'un versant à l'autre, d'une tête de vallée à celle de la vallée opposée; c'est le point de partage des eaux. Il n'est pas rare d'y trouver un réservoir commun, comme source ou lac; c'est ce qu'on voit au mont Cenis, au mont Genèvre. Ce même passage est appelé *port* dans les Pyrénées et *pertuis* dans le Jura.

La double rencontre des rameaux sur les chaînons et contre-forts produit aussi des cols sur leur crête, aux têtes des vallons; mais ce nom appartient plus particulièrement aux passages de la chaîne.

On désigne généralement par le nom de *ressaut* tout relèvement brusque d'une arête ou d'une crête, indépendamment de ceux qui, par leur grandeur ou leur position culminante, prennent le nom de *nœud, mont, plateau* ou *pic.*

Le *défilé* diffère du col, en ce qu'il peut se trouver au pied des hauteurs, et que c'est un passage toujours resserré entre deux escarpements, par lesquels il est encaissé ou supporté.

On peut appeler *patte* d'un rameau, d'un contre-fort, le point de la crête où ils se subdivisent et se ramifient pour s'abaisser en collines ou hauteurs inférieures.

Le nom d'*éperon* convient aux saillies abruptes que font quelquefois, en se terminant brusquement sur la côte, les rameaux ou les contre-forts, principalement ces derniers; les chaînes et les chaînons qui se terminent ainsi produisent ordinairement ce qu'on appelle un *promontoire*.

Nous entendons par *combe* une plaine élevée, légèrement concave, mais ordinairement aride et sans cours d'eau [1].

Elle prend le nom de *fondrière* lorsqu'elle a une moindre étendue, et que les eaux sauvages y séjournent ou n'y trouvent qu'une difficile issue.

Le *ravin* est une déchirure de la montagne sur le plan de pente primitif, où coulent les eaux sauvages, pérennes ou passagères; c'est un lit graveleux habituellement à sec.

On l'appelle *ravine*, lorsqu'il est habituellement inondé.

La ravine est assez ordinairement l'origine ou l'une des tributaires d'un *torrent*, qui est un cours rapide et sauvage qui se précipite en grondant sur un lit rocailleux suivant le plan de pente primitif, et porte à un récipient plus tranquille un tribut, tantôt faible, tantôt énorme, d'eau limpide ou chargée de troubles; plusieurs rivières sont des torrents sur le premier plan de pente d'où elles surgissent.

On donne le nom de *gorge* à une partie de vallée peu étendue; c'est l'intervalle resserré entre deux *croupes* ou petits contre-forts [2].

Quand la gorge a une certaine étendue, sans prendre trop d'évasement, quoique sa pente diminue, elle prend le nom de *val*.

Quand le val se prolonge et s'élargit, il donne naissance à la *vallée*, qui prend quelquefois son nom même à son origine, lorsqu'elle y est large et à berges adoucies. On distingue par la dénomination de *vallée principale* celle dont le fond sert de berceau à un grand cours d'eau qui, partant de la chaîne et suivant entre deux contre-forts le plan de pente générale, se rend ou tend à se rendre au récipient principal vers lequel verse ce plan de pente. La vallée est dite *secondaire*, quand elle prend son origine sur les flancs d'un chaînon ou d'un contre-fort, et qu'elle est le berceau d'un cours d'eau qui est affluent de celui d'une vallée principale.

La vallée est *longitudinale*, lorsqu'elle a pour l'une de ses berges les flancs mêmes de la chaîne ou du chaînon d'où elle descend, ou qu'elle en reçoit les affluents : telle est la vallée du Rhône jusqu'au lac Léman [3]. Elle est

transversale, lorsque sa direction approche de la perpendiculaire à l'axe de la chaîne ou du chaînon, qu'elle a pour berges les flancs correspondants de leurs contre-forts ou rameaux, ou que ses affluents en descendent.

Les fleuves et les grandes rivières coulent dans les vallées principales; leurs principaux affluents coulent dans les vallées secondaires.

Les *vallons* sont des vallées de moindre étendue, qui, naissant sur les flancs des contre-forts, ont pour berges les versants correspondants de deux rameaux, et forment le berceau d'un affluent de second ordre, tributaire d'un fleuve ou d'une rivière principale.

On appelle aussi *vallon* le berceau d'un ruisseau qui se trouve entre deux collines.

Les *berges* sont les flancs en regard des hauteurs, dans l'intervalle desquelles se trouve le fond de la vallée.

Les berges prennent le nom de *rives*, lorsqu'elles expriment les deux escarpements plus ou moins abrupts qui encaissent un fleuve.

Pour une rivière, elles se nomment *bords*.

On appelle *glacis* ce plan légèrement incliné que forme, de chaque côté du cours d'eau, le terrain d'alluvion du fond de la vallée, depuis le pied des hauteurs où la pente a changé, jusqu'au thalweg, que nous croyons plus convenable d'appeler fil-d'eau.

On entend par *thalweg*, mot emprunté de l'allemand, qui signifie le *chemin de la vallée*, l'intersection mixtiligne que forment, au fond de la vallée ou du vallon, les plans de pente latérale [1] des deux berges : c'est la route que suivrait une goutte d'eau, un grave quelconque abandonné à sa propre pesanteur sur le plan de pente longitudinale de la vallée; c'est ce que nous croyons plus convenablement exprimé par le mot composé de *fil-d'eau* [2], qui a une étymologie française facile à entendre, et une consonnance moins dure que le germanique thalweg.

Nous entendons par *pente générale* celle que déterminent vers un grand bassin, comme l'océan ou les méditerranées, les versants d'un plateau, d'un mont, d'un pic, d'un nœud culminant de monts agglomérés, d'où se détachent et descendent les chaînes et cours d'eau qui vont former les grandes arêtes saillantes ou rentrantes d'une portion circonscrite d'un continent ou de la totalité d'une île : tel est le Saint-Gothard pour l'Allemagne, la Turquie d'Europe, l'Italie, la France et les Pays-Bas; c'est ce mont central qui détermine les pentes générales du Danube et du Tésin vers les méditerranées, et celles du Rhin et du Rhône vers l'Océan.

Ce dernier fleuve se trouve détourné et ramené au sud vers la Méditerranée par la rencontre des montagnes de l'Ardèche, dont les versants orientaux

---

[1] Cette expression, en certains pays, désigne une vallée étroite et encaissée. Le mot anglais *comb*, d'origine saxonne, exprime ordinairement une vallée resserrée entre des collines, ou boisée sur les deux berges.

[2] Les mots de *gorge* et de *croupe* ont des acceptions très-différentes dans les montagnes et dans les plaines. Ce sont, en pays de montagnes, des vallées courtes, étroites et accidentées : ce sont, dans les plaines, de simples enfoncements qui découpent les collines.

[3] C'est une des plus profondes vallées du globe : Brigg est à 1085 mètres (2096 toises) au-

---

dessous du mont Rose et du Finsteraarhorn, les deux points les plus élevés, l'un de la chaîne méridionale et l'autre du grand chaînon septentrional, qui l'encaissent; tandis que la vallée de Quito n'est qu'à 3442 mètres (1751 toises au-dessous du Chimboraço.

[1] Le mot de pente *latérale* est employé ici pour exprimer les deux lignes que donnerait le profil ou travers de la vallée, et par opposition à celui de *longitudinale*.

[2] L'expression de *fil-d'eau*, et plusieurs autres, telles que celles de *ligne d'écoulement*, *ligne d'égout*, *gouttière*, etc., françaises et corrélatives aux dénominations des *lignes de partage*, des *faîtes*, etc., n'ont pu, dans l'usage, obtenir encore la préférence sur le mot allemand *thalweg*.

coupent la pente prolongée du Saint-Gothard, et donnent, sur la ligne produite par cette intersection, un nouveau lit et une nouvelle direction au Rhône. C'est le plan de pente de ces versants orientaux qu'on appelle *contre-pente*; c'est ce qui arrive lorsqu'un chaînon vient croiser un contre-fort. Quoique l'un et l'autre soient émanés d'un plateau commun, et dans le plan de pente générale qu'il détermine, le chaînon a, sur son versant opposé à la chaîne, un plan de pente particulier, et contraire à celui qu'il suit lui-même dans le système général : il fait donc nécessairement contre-pente, et détourne ainsi le cours d'eau échappé de la chaîne.

Comme le plan de contre-pente est ordinairement plus abrupt, le *fil-d'eau* déterminé par la ligne d'intersection se trouve habituellement de son côté. De ce côté aussi les berges sont ordinairement plus escarpées, parce que les cours d'eau tendent toujours à miner les obstacles qui barrent leur déclivité primitive.

EXPLICATION DES PLANCHES

PLANCHES 1, 2, 3 ET 4 [1].

Ces quatre planches contiennent les couleurs conventionnelles composées conformément aux prescriptions de la commission de topographie de 1802 [2]; ces couleurs sont au nombre de vingt-quatre et chacune d'elles est renfermée dans un cadre portant un numéro d'ordre; chaque planche contient six de ces cadres.

Seize dessins (quatre par chaque planche), lavés topographiquement, entourent ces couleurs et en font voir l'application.

Pour rendre faciles au lecteur la connaissance et la signification de ces couleurs, on a placé sur chacune de celles employées dans ces dessins un numéro d'ordre correspondant avec celui de l'un des vingt-quatre cadres qui les renferment; en se reportant à ce dernier numéro, l'expression de la couleur se trouve clairement déterminée. A l'aide de cette concordance, un exercice de quelques heures suffit pour se rendre familière la connaissance des teintes et couleurs conventionnelles.

PLANCHE 5 [3].

Cette planche donne d'abord les signes conventionnels pour la chorographie et l'hydrographie; chacun de ces signes est désigné par une des vingt-cinq lettres de l'alphabet; cette lettre, répétée sur ces signes dans l'application qui en est faite sur les deux plans gravés en regard, ne peut laisser au lecteur aucun doute sur leur expression.

A droite de la planche on a figuré un cours d'eau depuis sa source jusqu'à son embouchure dans la mer. Sur tout son parcours se trouvent les signes indiquant les moulins et les usines de différentes espèces; les gués, passages, bacs et ponts, ainsi que les endroits où ce cours d'eau devient flottable ou navigable.

Dans le bas de la carte se trouvent les signes d'une route encaissée et exhaussée, de chemins, route, canal et étang.

Les encaissements et les exhaussements se déduisent de l'épaisseur des hachures; l'extrémité la plus large de la ligne est le signe indicatif du côté où se trouve l'élévation.

PLANCHE 6 [4].

Elle contient les signes des villes, bourgs, villages, hameaux, maisons, fermes, moulins, etc., ainsi que ceux des établissements religieux.

A droite de la carte se trouvent un exemple des cotes de hauteur exacte et relative et un modèle de montagne éclairée par la lumière oblique; un modèle de forêts, chênes et sapins; de verger dont les arbres sont avec ombres portées; de vignes représentées en ceps; de marais, landes, prés, rizières, ravin, carrière.

PLANCHE 7 [5].

Cette planche renferme les signes conventionnels pour la minéralogie; peu de topographes en ont fait usage et aujourd'hui ils sont tombés en désuétude.

---

[1] Planches 3, 4, 5, 6 et 7, de la commission de 1802.
[2] Voir pages x et suivantes. Ces couleurs sont toujours celles usitées aujourd'hui.
[3] Planches 11 et 12 de la commission.
[4] Planches 8 et 9 de la commission.
[5] Planches 13 et 14 de la commission.

PLANCHES 8 ET 9 [1].

Ces deux planches contiennent les signes relatifs à l'armée de terre ; ces signes portent avec eux leur signification et ne nécessitent aucune explication.

La planche 9 renferme un modèle des lignes de limites et de] divisions des grands États, des départements, des provinces, etc., ainsi que d'un métrographe destiné à disposer sur les plans et les cartes les hauteurs métriques des écritures. L'utilité et l'usage de cet instrument sont expliqués page VI.

PLANCHES 10 ET 11 [2].

La planche 10 contient les signes conventionnels désignant les vaisseaux à vapeur et les vaisseaux à voile français et ennemis ; le nombre de ponts, de mâts et grandes vergues, ainsi que la quantité de canons, et enfin les signes distinctifs des vaisseaux commandants.

Les explications écrites sur la planche ne laissent aucun doute sur la signification de ces signes.

La planche 11 donne les ordres de bataille et les mouvements de guerre.

PLANCHE 12 [3].

Cette planche est l'application des procédés de la commission de topographie réunie en 1828.

Le relief du terrain est exprimé par des courbes horizontales équidistantes de deux mètres ; les constructions, les arbres, les cours d'eau et les différentes natures de cultures sont indiquées par les couleurs conventionnelles ; les terres labourées et les chemins sont en blanc.

Pour démontrer la nécessité de ces couleurs conventionnelles, on donne la même planche, d'abord lavée topographiquement, et ensuite seulement dessinée.

PLANCHES 13, 14 ET 15.

Ces trois planches sont dressées conformément aux prescriptions de la commission de 1828.

La planche 13 [4] est divisée en deux parties ; la première, portant le n° 2, est le spécimen d'une carte minute (Limay) à l'échelle de $\frac{1}{10000}$. Le relief du terrain est figuré par des courbes horizontales équidistantes de 2 mètres 1/2 ; les constructions, les jardins, les cours d'eau et les natures de cultures sont indiqués par les couleurs conventionnelles ; les changements de pente sont désignés par des lignes ponctuées ; les carrières, les trous, les ravins, les exca-

vations, les tertres, les fondrières, les routes encaissées ou en chaussée, sont exprimées par des signes particuliers accompagnés de mots servant à les désigner.

La seconde partie (n° 3) est le dessin de la carte minute n° 2 ; les courbes équidistantes sont remplacées par des hachures ou lignes de plus grande pente, et les carrières, les trous, etc., sont figurés par les signes qui servent à les distinguer, mais avec suppression des mots écrits.

La planche 14 [5], dressée à l'échelle du $\frac{1}{20000}$, est comme la précédente, divisée en deux parties ; la première (n° 5) est la carte minute, la seconde (n° 6) est la carte dessinée des environs de Neuilly ; toutes deux sont exécutées comme les précédentes pour le relief du terrain, pour les teintes et les signes conventionnels : l'équidistance entre les courbes horizontales est de 5 mètres.

La planche 15 [6] est la gravure des planches 13 et 14. Le relief du terrain est exprimé par des lignes de plus grande pente, les eaux sont filées, les natures de culture sont représentées par les signes employés en gravure et qui seront expliqués plus loin.

Le n° 4 de cette planche est la gravure de la carte de Limay, et le n° 7 celle de la carte de Neuilly.

PLANCHES 16 ET 17.

La première exprime les signes imitatifs ou conventionnels pour les canaux, les fossés, les digues et pour les différentes espèces de pont aux échelles du $\frac{1}{10000}, \frac{1}{20000}, \frac{1}{40000}$ et $\frac{1}{80000}$.

La seconde contient, aux mêmes échelles, les signes imitatifs ou conventionnels pour les communications par terre de toute nature.

Les explications qui accompagnent ces signes sont d'une clarté qui ne laisse rien à désirer.

PLANCHE 18.

Cette planche contient, aux échelles des $\frac{1}{10000}, \frac{1}{20000}, \frac{1}{40000}$ et $\frac{1}{80000}$, les signes conventionnels adoptés pour désigner les villes, les places fortes, les édifices et divers objets. La signification de chacun de ces signes est écrite, sur la planche même, au-dessus de l'objet qu'ils représentent.

PLANCHE 19.

Cette planche contient les diapasons de hachures pour une équidistance graphique ou réduite à l'échelle de $\frac{1}{4}$ de millimètre ; c'est le modèle de l'espacement et de la grosseur que l'on doit donner aux hachures pour le dessin ou la gravure des cartes exécutées aux échelles des $\frac{1}{10000}, \frac{1}{20000}, \frac{1}{40000}$ et $\frac{1}{80000}$

---

[1] Planches 15, 16, 10 et 21 de la commission de 1802.
[2] Planches 17, 18, 19 et 20 de la commission.
[3] Planche 1 de la commission de 1828.
[4] Planches 2 et 3 de la commission.
[5] Planches 5 et 6 de cette commission.
[6] Planches 4 et 7 de la commission de 1828.

conformément aux art. 3 et 4 du chap. II du résumé des délibérations de la commission de 1828. Voir page ix de ce recueil.

PLANCHES 20 ET 21.

Cette planche reproduit le tableau des écritures uniformes et symétriques adoptées pour tous les services publics.

Elle contient en outre l'explication de quelques signes conventionnels adoptés ou projetés pour la carte de la France dressée par MM. les officiers d'état-major.

PLANCHE 22.

Cette planche est le spécimen d'une partie du plan cadastral de la commune de Suresne.

Le cadastre est complétement terminé pour chacune des communes de la France continentale ; il donne la mesure exacte de la contenance des terrains, des constructions et des chemins de chaque commune; comme toute carte à une échelle réduite, il y est fait usage de signes conventionnels que l'on doit connaître si l'on veut la comprendre. Voici quelques explications sur les règles qui ont été suivies pour son exécution.

CADASTRE

Ce mot exprime la levée du plan du territoire par nature, qualité et quantité des biens-fonds pour servir de base à la répartition des contributions foncières.

Origine et Définition du Cadastre.

Toutes les nations, dès l'origine de leur gouvernement, ont reconnu la nécessité de faire concourir les revenus particuliers aux dépenses générales de l'État.

Le mode le plus simple, et qui dut se présenter le premier, fut de demander à chaque citoyen une portion du revenu des terres qu'il possédait. Cette portion se perçut d'abord en nature, puis en argent, devenu le signe représentatif de toutes les valeurs.

L'impôt sur les revenus des terres une fois établi, on dut chercher à le rendre égal pour tous.

Il devint nécessaire dès lors de constater la contenance du territoire et de procéder à l'évaluation de ses revenus.

Ces deux opérations constituent ce que l'on nomme *cadastre*.

Cadastres projetés ou établis en France.

Dans ces temps reculés où la France était divisée en provinces qui formaient de petits États indépendants, chaque province sentit dès le principe le besoin d'un cadastre.

Le Dauphiné en avait un sous les anciens dauphins; *Charles V* en fit faire la révision en 1359.

En 1491, *Charles VII* avait résolu d'entreprendre le cadastre du royaume, divisé alors en quatre généralités, *Languedoc, Languedoyl, Outre-Seine* et *Normandie*. Ce projet ne fut exécuté qu'en Languedoc,

En 1604, la vérification de l'arpentage de l'Agenois fut exécutée.

La Guienne avait un cadastre dont la révision fut ordonnée en 1664.

Colbert, en 1679, fit ordonner la formation d'un règlement uniforme pour la taille réelle, et en chargea M. *d'Aguesseau*, intendant général du Languedoc. La mort de *Colbert*, arrivée quatre ans après, fit abandonner ce projet.

M. *de Chamillard*, l'un de ses successeurs, l'avait repris; mais les malheurs de la fin du règne de *Louis XIV* le firent encore abandonner.

Plusieurs autres ministres des finances s'en occupèrent depuis, et M. *de Laverdy* fit ordonner, en 1763, la confection d'un cadastre général de tous les biens-fonds, même de ceux de la couronne, des princes, des nobles, du clergé, etc. Ce plan froissait trop d'intérêts pour ne pas rester sans exécution sous un gouvernement faible.

Les avantages d'un cadastre étaient tellement reconnus, que chaque province entreprenait le sien dès qu'elle en trouvait quelques moyens. C'est ainsi qu'il fut commencé dans l'Ile-de-France, dans la Champagne, dans le Limousin.

A peine une administration provinciale fut-elle établie dans la Haute-Vienne, qu'elle s'occupa de cette opération.

Les autres assemblées provinciales, créées depuis, en formèrent également le projet, que leur courte existence fit abandonner.

Établissement de la Contribution foncière.

La contribution foncière, branche la plus précieuse de nos ressources publiques, fut établie par décrets de l'Assemblée nationale des 20, 22 et 23 novembre et 1er décembre 1790 [1].

La masse des revenus territoriaux n'était pas alors bien connue : cependant le principal de cette contribution fixé à 240 millions, et le maximum de la cotisation au 1/6 du revenu principal, supposaient la certitude que les revenus de la France s'élevaient à plus de 1,200 millions.

Le comité d'impositions de l'Assemblée constituante se donna beaucoup

[1] Art. 1er de cette loi : « Il sera établi, à compter du 1er janvier 1791, une contribution foncière qui sera répartie par égalité proportionnelle sur toutes les propriétés foncières, à raison de leur revenu net.

de soins pour parvenir à une juste répartition de cet impôt dans chaque département. Plusieurs projets furent présentés et discutés; on adopta celui qui parut le plus simple et le plus propre à atteindre l'égalité proportionnelle.

La répartition du second degré fut confiée aux administrations de département; celle du troisième degré, aux administrations d'arrondissement ou de *district*; enfin, l'on chargea les municipalités de la répartition du quatrième degré, celle qui s'opère entre les contribuables; et 40,000 matrices de rôles, recueil plus ou moins patent d'injustices, furent, en quelque sorte, improvisées.

Cadastre général décrété en 1791.

Les réclamations les plus vives et les plus multipliées s'élevèrent bientôt de toutes parts.

Pour les faire cesser, l'Assemblée nationale décréta la confection d'un *cadastre général*[1]; mais les troubles politiques ne permirent pas de s'en occuper.

Rectifications imparfaites de la Répartition.

Des pétitions, des projets nombreux, furent présentés aux assemblées législatives qui succédèrent à l'Assemblée constituante.

On parvint à réformer quelques abus; mais les inégalités de la répartition se faisaient toujours sentir, soit de département à département, soit de commune à commune, soit enfin de propriétaire à propriétaire; et cet état de choses exerçait la plus fâcheuse influence sur la marche des recouvrements.

Ordre d'une Refonte générale des Matrices de Rôles.

Un gouvernement réparateur ne pouvait laisser un mal aussi grave sans remède. On essaya d'abord une mesure qui, sans atteindre le but, fut un premier pas vers le bien.

Une Instruction (22 janvier 1801) ordonna la refonte générale des matrices de rôles : c'était un cadastre sans arpentage préalable des terres. Il exigeait, à l'exception du levé des plans, toutes les opérations qui se sont depuis exécutées.

---

[1] 16-23 septembre 1791 : L'Assemblée nationale, considérant qu'il est nécessaire de prescrire pour les plans qui seront levés en vertu des art. 21 et 30 du décret des 4 et 21 août 1791, des règles uniformes de lier *le levé* de ces plans à des opérations plus étendues et de les diriger toutes vers la confection d'un cadastre général qui aura pour base les grands triangles de la carte de l'Académie des Sciences (carte de Cassini), décrète ce qui suit :

Art. 1er, etc.

Art. 4. Les directoires des départements feront procéder, en une ou plusieurs années, à la détermination géométrique de tous les clochers et autres points remarquables situés dans l'étendue de leur département.

Art. 6. Le ministre des contributions publiques fera recueillir, dans les bureaux de cette direction, tous les points déterminés géométriquement, tant par les grands triangles de la carte de l'Académie, que par les travaux soit des officiers du corps du génie, soit des ingénieurs géographes du département de la guerre, soit des ingénieurs des ponts et chaussées, et fera envoyer aux directoires des départements le tableau de ceux de ces points qui seront dans chacun de eurs arrondissements respectifs, pour servir aux opérations prescrites par l'art. 4.

Ce travail reposait sur le système, tant de fois proposé et toujours reconnu impraticable, d'obtenir des propriétaires la déclaration exacte de leurs revenus. Ce simulacre de cadastre, dénué de sa base première, ne fut qu'une tentative inutile ; mais il devint le germe des idées qui allaient bientôt se développer et s'agrandir.

Cadastre par Masses de Culture, ordonné pour 1,800 communes.

Les réclamations se multipliant de jour en jour, une commission spéciale, composée de membres tirés des diverses parties de la France, fut appelée à donner son avis sur le projet d'un *cadastre général* conçu par le gouvernement.

Cette commission reconnut qu'il n'existait en effet que ce seul moyen pour rectifier les vices de la répartition; mais, effrayée de la durée et de la dépense d'une telle entreprise, elle se borna à proposer l'arpentage de 1,800 communes disséminées sur tous les points de la France, pour fixer ensuite par analogie les revenus de toutes les autres communes (arrêté du gouvernement du 3 novembre 1802).

Cet arpentage devait présenter, non toutes les propriétés en détail, mais seulement les masses des différentes natures de culture. Ainsi, une terre labourable de trente arpents, quoique partagée entre dix propriétaires, ne formait qu'une figure ou polygone du plan.

L'expertise ou l'évaluation des revenus devait également s'opérer par masses de culture.

Premiers Travaux.

La partie d'art était confiée dans chaque département à un géomètre en chef qui s'adjoignait des géomètres secondaires. On eut beaucoup de peine à trouver des sujets instruits. Des cours gratuits de géométrie pratique s'ouvrirent d'abord à Paris, ensuite dans les principaux départements.

Les instruments manquaient également. Le ministre chargea les six ingénieurs mécaniciens les plus distingués de Paris de la fabrication de ces instruments, et en avança le prix aux géomètres, qui le remboursèrent par des retenues sur leurs indemnités.

Cadastre général par Masses de Culture.

Dans ces circonstances, les progrès durent d'abord être très-lents. A la fin de la seconde année, les 1,800 communes n'étaient pas encore toutes arpentées.

Le ministre, en rendant compte de cette situation, fit observer le peu de probabilité qu'il voyait à parvenir au perfectionnement de la répartition, en établissant le revenu foncier de toutes les communes d'après celui des 1,800 communes expertisées.

Un second arrêté du gouvernement (20 octobre 1803) confirma les dispositions du premier, et ordonna que les travaux continueraient à être exécutés dans toute l'étendue de la France.

Premier Essai d'une Répartition générale.

Les 4,800 communes terminées, le ministre traça aux préfets la marche qu'ils avaient à suivre pour en appliquer les résultats aux autres communes du département. Tous s'empressèrent d'exécuter ce travail ; mais tous, en l'envoyant, firent les représentations les plus fortes sur le danger d'en faire usage ; tous assurèrent que, loin de remédier aux vices de la répartition, il ne ferait que les augmenter. Cette mesure devait être et fut abandonnée. Les travaux continuèrent.

Expertises par Masses de Culture.

L'arpentage et l'expertise de toutes les communes, exécutés l'un et l'autre par masses de culture, auraient sans doute donné la connaissance des forces respectives des communes, et par suite des départements, et fourni les moyens de perfectionner la répartition générale. Mais on ne faisait rien encore pour la répartition individuelle, on ne remédiait point aux inégalités de contribuable à contribuable ; et c'étaient précisément ces inégalités qui rendaient l'impôt plus onéreux et excitaient le plus de réclamations.

Le revenu de chaque commune une fois déterminé, il eût fallu que les propriétaires s'entendissent pour le répartir proportionnellement entre eux. Mais comment espérer qu'ils y parvinssent, lorsque depuis plusieurs siècles on n'y était point arrivé ? Ainsi, après même que la répartition générale eût été perfectionnée, des plaintes individuelles n'auraient pas cessé de se faire entendre, sans que le gouvernement eût d'autres moyens d'y mettre un terme que celui du cadastre parcellaire.

Expertises parcellaires sur Plans par Masses de Culture.

Il fallait néanmoins que l'indispensable nécessité de l'arpentage parcellaire fût démontrée jusqu'à l'évidence, pour proposer une opération qui devait occasionner une dépense si considérable.

Le ministre, plutôt pour acquérir ce degré de conviction, que dans l'espoir d'un plein succès, essaya de faire exécuter des expertises parcellaires sur des plans par masses de culture (Instruction du 29 octobre 1805).

La difficulté était de reconnaître dans chaque masse ou figure du plan la portion qui appartenait à chaque propriétaire ; de partager, par exemple, une terre labourable de trente arpents entre ses dix propriétaires, et d'assigner à chacun d'eux la contenance des terres qu'il y possédait.

Déclarations demandées aux Propriétaires.

Pour y parvenir, tous les propriétaires furent invités à donner la déclaration, non pas de leurs revenus, mais seulement de la contenance de leurs terres. Ce second renseignement paraissait plus facile à obtenir que le premier.

Les contenances partielles, ainsi déclarées, devaient former une contenance égale à celle indiquée sur le plan.

Insuffisance des Déclarations.

On eut à peine essayé l'exécution de ce travail, que l'on se vit arrêté par des difficultés insurmontables. Très-peu de déclarations furent fournies ; elles se trouvèrent presque toutes inexactes. Leur réunion donna partout des contenances inférieures à celles qui résultaient des plans par masses de culture.

Le ministre insista auprès des directeurs des contributions. Tous, animés du désir de prouver leur dévouement, redoublèrent d'efforts. Plusieurs se rendirent dans les communes avec leurs employés, allèrent demander des déclarations de maison en maison, aidèrent à leur rédaction, salarièrent des indicateurs instruits. A force de travail et de soins, on parvint à avoir plusieurs matrices cadastrales dans chaque département.

Premiers Rôles cadastraux.

Ces matrices cadastrales, encore imparfaites, puisqu'elles n'assignaient pas à chaque propriétaire la juste contenance de ses propriétés, produisirent cependant quelques résultats utiles ; elles remédièrent à une partie des inconvénients dont on s'était plaint. Les rôles furent expédiés et mis en recouvrement ; ils n'excitèrent point de réclamations, parce qu'ils faisaient du moins cesser une partie des inconvénients les plus sensibles de l'ordre de choses qui existait antérieurement.

En effet, le ministre ayant fait venir des états qui présentaient pour chaque commune les noms et les cotes des dix contribuables qui, par l'effet de cette nouvelle répartition, éprouvaient les plus fortes augmentations, et des dix qui éprouvaient les plus fortes diminutions, ces états vérifiés et signés par les maires prouvèrent que dans la même commune des propriétaires payaient précédemment le tiers, le quart, la moitié de leurs revenus, tandis que d'autres ne payaient que le 20e, le 50e, le 100e, et que tous se trouvaient ramenés, par l'effet du cadastre, à une proportion uniforme du 6e au 10e.

Conférences pour le Cadastre parcellaire.

Cependant la difficulté d'obtenir des déclarations des propriétaires, celle plus grande encore de faire concorder les contenances partielles déclarées avec la contenance totale indiquée par le plan des masses, subsistaient dans toute leur force ; elles étaient senties partout, et de toutes parts les délibérations des conseils généraux, des conseils d'arrondissement et des conseils municipaux, appelaient la confection de l'arpentage parcellaire, comme l'unique moyen de rendre justice à tous. Plusieurs communes avaient déjà fait faire cette opération à leurs frais, d'autres sollicitaient l'autorisation de s'imposer pour cet objet.

L'unanimité de ce vœu détermina, à la fin de 1807, le ministre des finances à former une réunion de directeurs des contributions et de géomètres en chef, à l'effet de délibérer sur le mode d'exécution du cadastre parcellaire.

Établissement du Cadastre parcellaire.

Il résulta de ces conférences un projet de règlement, dont les bases, soumises au chef du gouvernement, reçurent son approbation (décision impériale du 27 janvier 1808).

Idée générale du Cadastre parcellaire.

L'opération exécutée en France se compose de l'arpentage parcellaire et de l'expertise parcellaire de toutes les communes.

Mesurer sur une surface d'environ 53 millions d'hectares plus de 100 millions de parcelles ou propriétés séparées ; confectionner pour chaque commune un plan en feuilles d'atlas où sont reportées ces 100 millions de parcelles, les classer toutes d'après le degré de fertilité du sol, et évaluer proportionnellement le produit net de chacune d'elles ; réunir ensuite, sous le nom de chaque propriétaire, les parcelles éparses qui lui appartiennent ; déterminer, par la réunion de leurs produits, le revenu imposable de ce dernier, et, par la fixité des évaluations, l'affranchir désormais des influences dont il avait eu si longtemps à se plaindre : tel était l'objet de cette opération, dont les nombreux avantages sont justement appréciés.

EXÉCUTION DES TRAVAUX DU CADASTRE.

La délimitation des communes était confiée à un seul géomètre, dont la nomination était soumise à l'approbation du préfet.

Cette opération s'exécutait par canton et était portée sans interruption dans les diverses communes du département.

Le préfet faisait connaître, par une lettre spéciale, aux maires des communes du canton désigné pour être délimité, le choix du géomètre délimitateur et l'époque où il devait se rendre sur les lieux ; il les invitait à assister à la reconnaissance des limites, à seconder le géomètre dans ses opérations et à lui fournir toutes les indications et les renseignements dont il pouvait avoir besoin.

Le géomètre délimitateur prévenait successivement le maire de chacune des communes à délimiter, ainsi que les maires des communes limitrophes, ayant soin de désigner les lieux, le jour et l'heure de la réunion.

Le géomètre, assisté des maires des communes intéressées et des indicateurs que ceux-ci avaient jugé à propos de s'adjoindre, se transportait sur les confins du territoire à délimiter ; il les parcourait, et traçait successivement dans l'ordre de sa marche le croquis de la partie du périmètre formée par chaque commune limitrophe, de manière qu'après avoir fait le tour de la commune où il opère, il a le plan visuel des limites et autant de croquis séparés qu'il y a de communes environnantes.

Les croquis figuratifs, que le délimitateur a chargés des notes et des désignations nécessaires, le mettent à même de rédiger le procès-verbal de délimitation.

Aussitôt que le géomètre délimitateur a terminé les travaux relatifs à la délimitation d'un canton, il envoie les procès-verbaux et croquis figuratifs, rédigés en double expédition, au géomètre en chef qui les transmet au directeur, après s'être assuré de la régularité du travail et de l'identité parfaite des indications sur toutes les pièces.

La première expédition reste déposée dans les archives du géomètre en chef.

La deuxième expédition ou copie est destinée aux communes.

Pour donner au géomètre le moyen de se diriger avec certitude et précision dans le levé des détails, on a dû recourir à la triangulation[1].

Cette opération donnait aussi au géomètre en chef les moyens sûrs et faciles de vérifier l'ensemble et les détails du plan.

Il était procédé à la triangulation pendant l'année qui précédait celle de l'arpentage.

Cette opération était confiée à un seul géomètre de première classe, lequel ne pouvait être chargé de lever le plan d'aucune commune.

Le géomètre, après avoir terminé ses opérations sur le terrain, faisait le calcul des triangles, inscrivait le résultat de ses observations et de ses calculs sur un registre à ce destiné ; il rapportait toutes ses opérations sur un canevas trigonométrique construit à l'échelle du $\frac{1}{50000}$, et qui demeurait annexé à ce registre ; canevas et registre étaient adressés au géomètre en chef qui, dans le mois de la réception des pièces, procédait à la vérification de la triangulation.

Cette opération terminée, le géomètre en chef en consignait les résultats par commune dans un procès-verbal qu'il envoyait au directeur avec le canevas et le registre des opérations trigonométriques.

Arpentage.

Aussitôt que l'arpentage parcellaire pouvait être entrepris, le géomètre en chef et le directeur établissaient de concert le projet de distribution des communes entre les géomètres de première classe ; ce projet était soumis au préfet.

Un géomètre ne pouvait être chargé que de l'arpentage d'une seule commune ; toutefois, deux communes contiguës pouvaient être confiées au même géomètre, lorsque leur contenance totale n'excédait pas 1,500 hectares ; ce nombre de deux pouvait même être dépassé dans les départements où il existe beaucoup de petites communes, lorsque la contenance réunie de deux communes contiguës était inférieure à 800 hectares.

Le géomètre en chef déterminait l'ordre dans lequel les opérations sur le terrain devaient être exécutées ; il ne pouvait lever personnellement le plan

[1] La triangulation est un composé de triangles dont les angles ne doivent être ni trop aigus ni trop obtus et qui, partant d'une base avantageusement placée, couvrent tout le territoire de la commune et s'étendent aux principaux points extérieurs les plus rapprochés de son périmètre.

4

d'aucune commune, ni être chargé de la délimitation ou de la triangulation.

L'ouverture des travaux d'arpentage était annoncée par un avis que le préfet faisait afficher dans les communes qui devaient être arpentées, ainsi que dans les communes circonvoisines.

Ce magistrat adressait en même temps aux maires une lettre instructive pour les inviter à seconder les géomètres dans le levé des plans, et à leur fournir des indicateurs qui les aident à reconnaître sur le terrain les noms des propriétaires, la dénomination des propriétés, et les limites des parcelles.

Il n'était jamais procédé à aucune opération de détail, si au préalable le procès-verbal de délimitation n'avait été approuvé, la triangulation vérifiée et si les points trigonométriques n'avaient été établis par les géomètres de première classe sur les feuilles qui devaient servir au levé des plans.

L'inspecteur des contributions s'assurait dans ses tournées que les géomètres de première classe exécutaient bien par eux-mêmes les travaux dont ils étaient chargés, et qu'ils n'employaient que des auxiliaires agréés : voici les règles tracées par l'autorité pour la division du territoire et celle des parcelles et pour le dessin des plans :

DIVISION DU TERRITOIRE EN SECTIONS.

La division du territoire en sections n'intéressant en rien ni le droit de territoire, ni la propriété, le géomètre doit, de concert avec le maire, s'attacher aux convenances topographiques, aux habitudes et surtout aux limites naturelles et invariables.

Distribution des Sections.

Il importe de rendre les sections à peu près égales entre elles, et de ne pas les multiplier sans utilité.

Dénomination des Sections.

Chaque section doit être désignée, non-seulement par des lettres alphabétiques, mais encore par le nom usité dans la commune, ou par une dénomination que le géomètre lui donne, de concert avec le maire, d'après la contrée ou l'objet principal que la section renferme.

Cette dénomination en facilite la reconnaissance aux contribuables, et leur indique, d'une manière plus certaine, la position de leurs propriétés.

Ordre des Sections.

L'ordre alphabétique des sections doit, autant que possible, commencer par le nord, aller vers l'orient, puis le midi, l'occident et se terminer par le centre.

Procès-Verbal.

Le géomètre rédige un procès-verbal de la division du territoire de la commune en sections. Il le fait signer par le maire, et l'adresse au géomètre en chef, en même temps que les autres pièces de l'arpentage.

Ce procès-verbal est annexé à la suite du procès-verbal de délimitation.

DÉFINITION DES PARCELLES.

Définition du Plan parcellaire.

Le plan parcellaire est celui qui représente exactement le territoire d'une commune dans ses plus petites subdivisions, soit de culture, soit de propriété.

Définition de la Parcelle.

Une parcelle est une portion de terrain plus ou moins grande, située dans un même canton, triage ou lieu dit, présentant une même nature de culture, et appartenant au même propriétaire.

Terres qui ne diffèrent que par l'Assolement.

Ne sont pas considérées comme d'une nature distincte des terres qui ne diffèrent que par l'assolement.

Champ divisé par des Haies, Fossés, Rivières, Ruisseaux et Chemins.

Un champ d'une même culture appartenant au même propriétaire, mais divisé en deux par une haie, un fossé large et profond, un chemin public, une rivière, un ruisseau ou autre limite fixe, forme deux parcelles.

Cas où les Chemins forment ou ne forment pas Limites de Parcelles.

Les dispositions qui précèdent touchant les parcelles coupées par des chemins ne sont applicables sans exception qu'aux routes royales et départementales.

Quant aux chemins vicinaux qui traversent les champs d'une même culture appartenant au même propriétaire, ils ne forment limites de parcelles que si les côtés ou l'un des côtés du chemin sont garnis d'une haie, d'un fossé profond ou d'un haut bord formant clôture. Néanmoins, lorsqu'un chemin servira de démarcation à une section de la commune, les parties d'une même pièce traversées par le chemin seront affectées d'un numéro distinct dans chaque section. Quant à la subdivision des feuilles d'une même section par un chemin, elle ne peut motiver deux numéros. Les géomètres prendront à cet égard les précautions nécessaires, pour que ces subdivisions ne fractionnent pas les cantons, triages ou lieux dits, ni des parcelles, qui, divisés par des chemins non clôturés, ne seraient pas susceptibles d'un numérotage distinct et séparé.

La réunion des pièces spécifiées ci-dessus sera indiquée sur le plan par une double flèche de la même manière que cela se pratique pour les cours et dépendances des propriétés bâties.

Champs divisés par des Sentiers, Chemins de servitude, Murs de soutènement.

Ne sont pas considérés comme divisant les propriétés :
Un sentier, ou chemin de servitude ou d'exploitation ;
Un simple ruisseau ou rigole d'écoulement ;
Un mur de soutènement ou terrasse.

Cultures mêlées.

Les cultures, soit mêlées, soit alternes, comme une terre labourable où se trouvent divers ceps de vignes, un pré qui renferme des arbres épars, une friche dont une très-petite partie se trouve cultivée momentanément, ne forment qu'une parcelle sous la dénomination de la culture principale. On annote seulement au tableau indicatif les cultures accessoires.

Parties incultes, Rochers, Mares, etc., sur les bords ou au milieu des Propriétés.

Les petites parties de terre inculte, les broussailles, bouquets d'arbres, situés sur les bords ou au milieu des propriétés, les bordures en arbres fruitiers et forestiers, ou en vignes, qui entourent les pièces de labour ou autres cultures, ne doivent point former de parcelles séparées, lorsque la contenance de chacune de ces portions appartenant au même propriétaire n'est pas supérieure à 2 ares.

La même règle doit être suivie pour ce qui concerne les mares, réservoirs, fontaines, fondrières, murgets, dépôts de pierres, rochers et autres accidents de la nature, contigus à une pièce en labour, en pré ou en toute autre culture.

Ces diverses parcelles seront désignées au tableau indicatif d'après la nature de la partie en valeur, et les géomètres indiqueront sur une deuxième ligne la nature de la partie inculte, ainsi qu'il suit :

Vigne	Terre labourable	
et	et	etc.
murget.	friche,	

Pour faire reconnaître ces parcelles sur le plan, ils mettront en lignes pleines le périmètre de la parcelle entière et interponctueront les parties non susceptibles de numérotage.

Petites Parties cultivées d'une grande Parcelle inculte.

Il existe dans quelques départements des parties incultes d'une assez grande étendue, où se trouvent çà et là quelques parties cultivées dont la contenance est inférieure à 2 ares. Ces petites parties cultivées ne doivent point, aux termes des instructions, former des parcelles séparées. Les géomètres les figureront toutefois sur le plan par des lignes interponctuées, et indiqueront au tableau indicatif la nature de la pièce principale et la culture dominante des parties éparses.

Le géomètre en chef, indépendamment de la contenance totale, annotera sur le tableau indicatif la contenance de l'ensemble des parties en culture.

Parcs et Jardins d'agrément.

Le géomètre doit s'abstenir de lever et de figurer sur les plans les détails d'agrément des parcs, ou jardins de plaisance, fermés de murs, haies ou fossés, quoique divisés en massifs par des chemins sinueux.

Il convient seulement de distinguer et de numéroter séparément. les bâtiments d'habitation ou ruraux, ainsi que les terrains propres à la culture qui s'y trouvent enfermés. Le reste ne forme qu'une parcelle.

On entend par détails d'agrément les parterres, avenues, allées sablées, fossés, bosquets, rochers, pièces d'eau, rivières artificielles, gazons et autres objets d'embellissement.

Bois traversé par des Routes d'agrément.

Un bois, traversé par des routes d'agrément ou d'exploitation, ne peut donner lieu à autant de parcelles que ces routes forment de divisions.

Les routes d'agrément ou d'exploitation, faisant essentiellement partie des propriétés qu'elles traversent, ne doivent pas former de numéro ; elles sont calculées avec les bois dans lesquels elles se trouvent.

Fossés et Eaux qui entourent les Parcelles.

Il existe des communes où presque toutes les parcelles sont environnées de fossés et d'eaux. En pareil ces, on doit réunir sous un même numéro et considérer comme une seule parcelle le terrain et l'eau qui en dépend. Le géomètre opère comme s'il n'existait ni eau ni fossé. Il marque par une ligne pleine les limites réelles de la parcelle, ayant soin cependant de figurer en ligne ponctuée le terrain en culture, afin que les classificateurs puissent proportionner l'estimation à la quantité d'eau et de terre dont se compose la parcelle.

Rochers, Amas de pierres détachés.

Les rochers, amas de pierres détachés et autres accidents de la nature, détachés des propriétés particulières, sont levés comme les emplacements et chemins publics. Si le propriétaire les réclame, soit lors de l'arpentage, soit lors de la communication des bulletins, ces objets forment parcelle.

Superficie des Maisons.

La superficie des maisons et bâtiments est levée comme celle des autres propriétés non bâties et forme parcelle.

Cours et Bâtiments ruraux ; Emplacements communs à plusieurs Habitations.

On ne fait qu'une même parcelle de la maison d'habitation, de la cour et des bâtiments ruraux, lorsqu'il y a contiguïté, et que le tout appartient au même propriétaire.

Il n'y a pas lieu, non plus, d'affecter d'un numéro particulier les cours et les emplacements communs à plusieurs habitations.

Lorsque ces emplacements se divisent suivant des directions déterminées, les géomètres doivent établir ces divisions en trait plein sur les plans, et le géomètre en chef en calcule la contenance avec celle de l'habitation.

S'il n'existe pas de division déterminée, les géomètres se bornent à indiquer les ayants droit au moyen de flèches dirigées des maisons, et dont la pointe aboutit dans la cour ou l'emplacement. Ils remettent au géomètre en chef un état indicatif énonçant les proportions suivant lesquelles le partage doit être opéré; et celui-ci est ainsi mis à portée d'ajouter à la contenance de l'habitation la partie de la cour qui lui appartient.

Maisons des Villes, Jardins.

Dans les villes, on ne fait également qu'une seule et même parcelle de la maison et du jardin d'agrément qui lui est contigu, lorsqu'il n'excède pas 20 perches métriques.

Les jardins d'une plus grande étendue, les marais légumiers doivent être levés distinctement et comme toutes les autres natures de propriétés non bâties.

Édifices publics.

Les églises, les monuments ou édifices publics et en général tous les terrains clos employés à un service public, forment parcelle.

Maisons contiguës.

Deux maisons contiguës, ayant chacune la porte d'entrée, font deux parcelles, quoique appartenant au même propriétaire.

Maison appartenant à différents Propriétaires.

Une maison appartenant à plusieurs propriétaires, dont l'un est propriétaire du rez-de-chaussée et les autres des étages supérieurs, ne forme qu'une parcelle. Les copropriétaires sont seulement inscrits au tableau indicatif.

Caves.

Une cave ou bâtiment souterrain, dont la superficie ne sera pas bâtie, formera pour cette superficie une parcelle distincte du terrain qui l'environnne.

Si la superficie appartient à un propriétaire et la cave ou souterrain à un autre, ils seront tous deux inscrits au tableau indicatif, en commençant par celui de la superficie qui forme parcelle.

DÉTAILS DES PLANS.

Le géomètre doit mesurer exactement et reporter sur le plan toutes les parcelles, telles qu'elles viennent d'être définies.

Terrains militaires.

Il se borne néanmoins à lever par masses les terrains militaires dans les villes de guerre ou places fortes, sans pouvoir lever en détail les contours de la fortification, ces terrains étant d'ailleurs non imposables.

Rues, Places, Chemins, Rivières, etc.

Les rues, les places publiques, les grandes routes, les chemins vicinaux, les rivières et autres objets non imposables sont levés et figurés avec exactitude; mais on peut ne tracer qu'approximativement et par des lignes ponctuées les chemins de service et sentiers qui font partie intégrante des propriétés.

Fleuves, Rivières.

Les fleuves et les rivières ne doivent être levés que jusqu'à l'endroit où leur nature change par le mélange de leurs eaux avec celles de la mer. La ligne de démarcation est ordinairement connue des marins et des habitants du pays. Elle peut encore se reconnaître à l'altération qu'éprouve la douceur ordinaire de leurs eaux : si cependant il s'élève quelques difficultés sur cette démarcation, le directeur en fait son rapport au préfet, et le géomètre est tenu de se conformer à la décision de ce magistrat.

Dunes.

Les *dunes*, quoique non cultivées, les terrains arides situés le long des côtes et au-dessus de la ligne que tracent les eaux de la mer dans leur plus grande élévation, doivent faire partie des plans.

Rades, Laisses de mer.

Les *rades*, les *laisses de basse mer*, ou terrains que la mer ne découvre que momentanément par l'abaissement périodique de ses eaux, sont censés appartenir toujours à cet élément, et ne sont pas dans le cas d'être co.npris dans le territoire de la commune dont la limite doit s'arrêter à la ligne de la haute mer.

Berges.

Les *berges* sont les bords relevés des chemins. Si elles appartiennent aux propriétaires des terrains adjacents, elles ne doivent former avec ces terrains qu'une seule parcelle ; elles doivent, au contraire, être confondues avec la grande route ou le chemin vicinal, si elles en font partie.

Pies d'Assec.

Les terrains connus sous la dénomination de *pies d'assec*, ou étangs en eau, qui consistent en prés et terres labourables, successivement couverts d'eau et desséchés périodiquement, appartenant à différents propriétaires, les uns jouissant de la terre (ce droit s'appelle *droit d'assec*), les autres du droit de la couvrir d'eau (appelé *droit d'évolage*), doivent être détaillés pour toutes les parcelles cultivées ; et pour déterminer le droit d'*évolage* passible aussi de l'impôt, le géomètre entourera d'un léger filet en teinte verte toutes les parcelles soumises à ce droit, et les annotera sur le tableau indicatif.

Chemins, Rivières, servant de Limites.

Lorsque les limites de deux départements ou de deux communes se trouvent établies par une rivière, un ruisseau, un ravin ou un chemin, cette rivière, ce ruisseau, ce ravin ou ce chemin doit être figuré en entier sur chacun des plans, distinguant toutefois par une ligne ponctuée la limite assignée aux deux départements ou aux deux communes, et n'attribuant à chaque commune que la portion de contenance qui lui appartient.

Grandes Parcelles stériles.

Les terrains connus dans les départements où il existe de très-hautes montagnes sous la désignation de glaciers, les masses de rochers entièrement dénuées de terre, les dunes, landes, montagnes arides, fleuves, rivières, lacs et étangs non productifs, et autres objets analogues situés sur les limites des communes, ne devront pas être mesurés, lorsque leur superficie sera supérieure à 100 hectares.

Si ces objets sont enclavés dans le territoires des communes, ils ne seront pas mesurés, lorsque leur superficie excédera 150 hectares.

Néanmoins, quand le levé d'une de ces masses est reconnu nécessaire, le directeur en fait, sur la proposition du géomètre en chef, son rapport au préfet, et le ministre se réserve d'autoriser spécialement l'opération.

Terrains abandonnés par la mer, Parcs d'huîtres.

Les terrains qui ont été abandonnés par la mer, ou qui lui ont été enlevés, doivent être compris dans les plans ; mais les parcs d'huîtres, couverts tous les jours deux fois par la mer, et toutes les pêcheries qui ne consistent que dans des filets tendus le plus loin possible, et que la mer couvre deux fois par jour, sont censés appartenir à cet élément, et dès lors ne doivent pas être compris dans les plans.

DESSIN DES PLANS.

Minute du Plan.

La minute des plans s'exécute sur des feuilles de papier grand-aigle [1], auxquelles il ne peut jamais être ajouté de bande, quelque petite qu'elle soit.

Section portée sur une seule Feuille.

Chaque feuille du plan parcellaire doit en général, autant qu'il est possible, contenir une section entière.

Section divisée en plusieurs Feuilles.

Si l'étendue ou la configuration d'une section est telle qu'elle ne puisse tenir sur une feuille, cette section est alors divisée en deux ou plusieurs feuilles, à moins que quelques parties excédantes ne puissent, sans confusion, être dessinées sur les blancs de la même feuille.

Dans le cas où le géomètre porte une section sur deux feuilles, ou en transporte une partie sur les blancs de la même feuille, la partie ainsi fractionnée doit, autant qu'il est possible, avoir des limites fixes.

Les cantons, triages ou lieux dits, ne doivent pas être fractionnés.

Il en sera de même des bourgs, villages et hameaux.

Plans levés à la Planchette.

Lorsque l'arpentage est exécuté à la planchette, la minute du plan à remettre se compose de la réunion des feuilles de planchette collées ensemble.

Le géomètre ne réunit cependant ces feuilles que jusqu'à concurrence du format de papier grand-aigle.

Échelles des Plans.

Les plans parcellaires sont construits sur l'échelle de 1 sur le papier à 5,000 sur le terrain, sur celle de 1 à 2,500, et sur celle de 1 à 1,250 [2].

Échelle de 1 à 5,000.

Cette échelle. qui donne en général trop peu de développement pour la construction des plans parcellaires, ne doit être employée que pour les communes très-peu morcelées, c'est-à-dire où l'on ne trouve qu'une parcelle pour deux arpents métriques.

Échelle de 1 à 2,500.

Cette échelle est la plus généralement adoptée ; elle offre les moyens de développer suffisamment le parcellaire, lorsque le morcellement ne s'élève pas au delà de quatre à cinq parcelles par arpent.

---

[1] Largeur, 975 millimètres ; hauteur, 665 millimètres.
[2] C'est-à-dire au $\frac{1}{5000}$, au $\frac{1}{2500}$, ou au $\frac{1}{1250}$.

Échelle de 1 à 1,250.

Le développement à cette échelle ne devient nécessaire que lorsqu'il y a plus de cinq parcelles par arpent.

Les plans des villes, des bourgs et des maisons des villages sont généralement développés à cette échelle.

Portions de Territoire peu ou beaucoup morcelées.

Lorsque l'échelle aura été adoptée pour une commune, si le géomètre trouve une portion de territoire qui exige plus ou moins de développement, il doit, pour cette partie, choisir parmi les trois échelles celle qui sera la plus convenable.

Indications générales.

Le géomètre doit indiquer sur le plan les noms des hameaux, fermes, établissements ou habitations isolées, chemins, ravins, rivières, ruisseaux, ainsi que ceux des sections et des cantons, triages ou lieux dits.

Périmètre des Parcelles.

Les périmètres des parcelles sont tracés au simple trait à l'encre de la Chine, à l'exception des parcelles en litige qui ne doivent être que ponctuées.

Démarcations des Triages.

La démarcation des cantons, triages ou lieux dits, doit être marquée sur les plans par un léger liséré de couleur jaune.

Périmètre des Sections.

Un filet de couleur différente pour chaque section en marque le périmètre.

Périmètre de la Commune.

Le périmètre de la commune doit être indiqué par un liséré plus prononcé que celui des sections.

Désignations de la Commune et des Sections limitrophes.

Autour du périmètre de la commune et de celui de chaque section, on désigne les communes voisines et les sections de la même commune qui y sont attenantes.

Tracé des Routes et Chemins publics.

Les grandes routes et chemins publics sont marqués par des lignes pleines, qui rendent très-sensibles leurs diverses sinuosités, de manière qu'il puisse être facile d'appliquer les procédés du calcul des contenances à l'estimation de leur superficie.

Chemins particuliers, Chemins de service, Sentiers.

Les chemins pratiqués par des particuliers pour conduire à leurs habitations ou dans l'intérieur de leurs terres, les passages de service, les sentiers variables faisant partie intégrante des propriétés, se distinguent par deux lignes ponctuées et rapprochées ; ils peuvent être figurés approximativement.

Tracé des Rivières et Ruisseaux.

Le cours des rivières et ruisseaux est indiqué par des flèches. Leur lit est marqué par deux lignes noires, dont celle qui reçoit le jour doit être moins prononcée.

Les eaux sont exprimées par une teinte d'azur ou bleu de Prusse léger.

Forêts royales et communales.

Les forêts royales et communales sont marquées par un liséré vert.

Bornes.

Les bornes qui se trouvent sur le périmètre de la commune sont indiquées sur les plans par un carré d'un millimètre de côté.

Celles qui limitent plusieurs communes sont indiquées par une figure triangulaire.

Celles qui divisent les propriétés, par un carré d'un demi-millimètre de côté.

Haies, Fossés, Murs.

Les haies, fossés et murs peuvent également être indiqués sur les plans, mais très-légèrement, pour ne point nuire à la netteté des détails.

Il suffira d'exprimer ces sortes de limites à leurs extrémités par un signe conventionnel, ayant égard, autant que possible, à la mitoyenneté.

Ponts de pierre.

Les ponts de pierre sont représentés par deux lignes droites au carmin.

Ponts de bois.

Les ponts de bois le sont par deux lignes noires.

Bacs.

Les bacs sont exprimés par un trait fin, courbé et noir qui traverse la rivière, et est terminé par deux points plus gros, carrés et noirs, à la place des poteaux.

Moulins à eau et autres Usines mues par un cours d'eau.

Les moulins à eau et autres usines mues par un cours d'eau sont représentés par la maison où sont construites ces usines.

Une petite roue horizontale est dessinée à l'endroit où sont celles du moulin, et l'on marque le bâtardeau au carmin, s'il est en maçonnerie.

Moulins à vent.

Les moulins à vent seront indiqués dans la parcelle de la cour ou de l'aire où ils sont bâtis, en y traçant géométriquement le plan de leur fondation sur le sol, et ensuite leur ombre portée par une légère teinte d'encre de la Chine.

Ils seront mis au carmin s'ils sont en maçonnerie.

Cimetières.

Les cimetières seront parsemés de petites croix.

Maisons, Bâtiments.

Les maisons et autres bâtiments sont exactement relevés à l'échelle. Leurs contours, comme les murs de clôture, sont formés d'un trait à l'encre de la Chine, et leur surface est ensuite couverte d'une légère teinte au carmin.

On force la ligne du côté de l'ombre, en supposant le plan éclairé de gauche à droite sous un angle de 45 degrés.

Bâtiments publics.

Les bâtiments publics et autres propriétés bâties non imposables sont nuancés en bleu gris pour les distinguer des bâtiments particuliers.

Parcelles très-petites.

Lorsqu'il se trouve sur le plan des parcelles très-petites et qu'il serait difficile de relever au compas avec précision, le géomètre joint au tableau indicatif un petit état, par section ou par ordre de numéros, sur lequel il cote, pour les figures formant parallélogrammes ou trapèzes, les dimensions, savoir :

De 3 mètres et au-dessous pour les plans levés à l'échelle de 1 à 1,250 ;
De 6 mètres et au-dessous pour les plans levés à l'échelle de 1 à 2,500 ;
De 12 mètres et au-dessous pour les plans levés à l'échelle de 1 à 5,000.
Cette mesure n'est applicable qu'aux propriétés non bâties.

Orientement du Plan.

Le géomètre oriente le plan à l'aide du canevas trigonométrique.

La direction *plein nord* des feuilles du parcellaire est l'orientement le plus convenable, mais cette direction n'étant pas de rigueur, on pourra adopter celle qui permettra d'embrasser le plus de territoire sur chaque feuille : néanmoins le haut de la feuille, lorsqu'il n'indiquera pas le *plein nord*, s'en rapprochera le plus possible vers le levant. Il suffira d'écrire les mots *nord* et *sud* aux extrémités d'une des méridiennes.

Cette disposition du plan et l'échelle étant déterminées, le géomètre, avant de se livrer au rapport des détails, trace à l'encre bleue sur chaque feuille, à partir de la méridienne et de la perpendiculaire d'après lesquelles ont été calculés tous les points du canevas, des carrés de 500 mètres de côté pour les plans rapportés à l'échelle de 1 à 5,000, ou de 1 à 2,500, et de 250 mètres pour ceux rapportés à l'échelle de 1 à 1,250. Au moyen de ces carrés et de l'échelle adoptée, il se trouve à même de placer très-exactement sur ses feuilles les divers points de la triangulation.

Tracé des Carrés, État hygrométrique du Papier.

L'exactitude des carrés influant nécessairement sur celle des points trigonométriques et pouvant fournir un moyen assuré de constater le retrait ou l'extension du papier (circonstances auxquelles le géomètre en chef et les vérificateurs spéciaux doivent avoir égard dans leurs vérifications), le chef de la partie d'art devra tenir la main à ce que ces carrés soient établis avec la plus grande précision.

Indication des Échelles.

Chaque feuille ou portion développée doit porter l'indication de l'échelle qui a servi à rapporter le plan.

Tableau indicatif des Numéros.

Afin de faciliter les recherches des numéros, il conviendra de placer en marge de chaque feuille un petit tableau contenant les indications suivantes.

NUMÉROS				
PREMIER.	DERNIER.	BIS.	NULS.	EFFECTIFS.
250	400	322 395	279	454

Un cadre pareil devra également figurer sur les feuilles d'atlas destinées aux communes.

Date du Plan.

Chaque feuille du plan porte la date du jour où il a été terminé.

Écritures.

Les écritures doivent être placées de manière à ne point nuire à la netteté des détails.

Les titres *Commune de*, *Section A*, s'écrivent en lettres moulées, ou en grosse bâtarde ; la dénomination de la section en bâtarde demi-grosse ; le nom des cantons, triages ou lieux dits, en bâtarde plus petite ou en anglaise ; le tout disposé horizontalement autant que possible.

Les noms des communes limitrophes s'écrivent en moulée ou grosse bâtarde ; ceux des sections limitrophes en moyenne bâtarde, et ceux des rivières, ruisseaux, chemins, en petite bâtarde italique : le tout en suivant les sinuosités des limites ou du cours des rivières.

Lettres initiales des la Nature de Cultures.

Afin de faciliter la reconnaissance des cultures au premier coup d'œil sur le plan, ainsi que les indications prescrites à ce sujet sur le tableau d'assemblage, on placera, au-dessous du numéro de chaque parcelle, une lettre initiale indicative de sa nature de culture.

Voici les lettres généralement employées :

NOMENCLATURE DES DIVERSES NATURES DE PROPRIÉTÉS ET DES LETTRES INITIALES QUI LES DÉSIGNENT :

NATURE DES PROPRIÉTÉS.	INITIALES INDICATIVES à mettre sur les plans.	DÉFINITIONS.
Terre labourable.	L.	Terrain consacré à la culture du blé, méteil, seigle, maïs, avoine, et autres productions en grains et légumes. Les prairies artificielles rentrent dans la classification des terres labourables.
Vigne.	V.	Terrain consacré à la culture de la vigne à basse tige.
Hautin.	H.	Terre labourable ensemencée et plantée de vignes à hautes tiges.
Prés.	P.	Terrain consacré à la culture du foin, et qu'on fauche annuellement.
Bois taillis.	B.	Bois au-dessous de l'âge de 30 ans, et que l'on coupe périodiquement.
Bois futaie.	F.	Bois au-dessus de l'âge de 30 ans destiné aux grandes constructions.
Sapinière.	Sp.	Bois où l'essence de sapin domine les autres espèces.
Châtaigneraie.	Cg.	Terrain exclusivement consacré à la culture du châtaignier.
Oseraie.	Os.	Terrain exclusivement consacré à la culture de l'osier.
Aulnaie. Saussaie.	Al. Ss.	Terrain planté exclusivement d'aunes et de saules.
Bruyère.	Br.	Terrain inculte entièrement couvert de bruyères. Si la bruyère est claire, et que le reste du sol soit herbé et à l'usage des bestiaux, le terrain prend la dénomination de pâture.
Broussaille.	Bs.	Terrain complanté de houx, buis, épines, genêts, et autres sortes d'arbustes qui ne sont point d'essence forestière.
Pâtures.	Pr.	On comprendra sous cette désignation un terrain produisant de l'herbe, mais qui ne se fauche point, et en général tous les pacages consacrés à la dépaissance des bestiaux.

NATURE DES PROPRIÉTÉS.	INITIALES INDICATIVES à mettre sur les plans.	DÉFINITIONS.
Pâtures.	Pr.	On donne également cette dénomination aux pelouses environnant les habitations rurales, et servant de sortie aux bestiaux.
Pépinières.	Pp.	On comprendra sous cette classification les enclos de quelque importance faisant l'objet d'une spéculation. Les petites pépinières particulières font ordinairement partie des jardins.
Verger.	Vr.	On désignera comme verger un terrain ordinairement clos et planté régulièrement d'arbres fruitiers. Lorsqu'il n'y aura que quelques arbres mal tenus dans un pré, une terre labourable, une pâture, etc., on considérera les arbres comme une culture accessoire.
Jardin { potager. { d'agrément	J.	Terrain où l'on cultive des légumes de toute espèce. Terrain cultivé pour l'agrément.
Houblonnière.	Hl.	Terrain exclusivement consacré à la culture du houblon.
Olivets.	Ol.	Terrain exclusivement consacré à la culture de l'olivier.
Cultures mêlées.	C. M.	On donnera ce nom aux terrains qui contiennent à la fois diverses productions, telles que terres labourables, ou prés mêlés de vignes et d'arbres, etc., sans que l'on puisse reconnaître quelle est la culture dominante.
Terrain planté.	T. P.	On comprendra sous cette dénomination les terrains mêlés de plantations donnant un produit sensible. Si les arbres forment le produit principal, alors le terrain pourra rentrer dans la classe des vergers.
Terres vaines et vagues.	V. V.	Terrains incultes qui peuvent être rangés dans la classe des pâtures.
Aire.	A.	Lorsque l'aire est d'une petite étendue et attenante à la cour ou aux bâtiments, elle peut être comprise sous le même numéro ; mais lorsqu'elle en est détachée, qu'elle est bien distincte des cul-

NATURE DES PROPRIÉTÉS.	INITIALES INDICATIVES à mettre sur les plans	DÉFINITIONS.
		tures environnantes, soit par des clôtures, soit parce qu'elle n'est absolument destinée qu'au battage des grains et au dépôt des pailles, elle doit être indiquée sur le plan et sur le tableau indicatif comme *aire*.
Cultures diverses.	C. D.	Les rizières, cultures en tabac, houblonnières, chènevières, champs de colza, et autres cultures particulières à quelques départements, ne doivent faire l'objet d'une classification particulière que lorsqu'elles sont permanentes. Si ces cultures ne sont que momentanées, on les fait entrer dans la classe des terres labourables.
Marais.	Marais de	Terrain aquatique, et qui ne produit que des joncs et des roseaux.
Marais salant.	Marais salant, dit	Marais préparé pour faire le sel.
Landes.	Ld.	Terres vaines et vagues, et qui ne produisent ordinairement que des genêts, des broussailles et des bruyères.
Étangs, Lacs.	Étang de Lac de	Les étangs, lacs, et autres pièces d'eau, seront indiqués par leurs noms sur les plans et sur les tableaux indicatifs.
Carrières, Mines, Marnières, etc.	Carrière de Mine de Etc., etc.	Les carrières, mines, houillères, marnières, etc., exploitées pour le public, et de quelque importance, doivent toujours être notées sur les plans. Si elles n'ont d'autre étendue extérieure que leur orifice, elles ne semblent pas susceptibles de recevoir de numéros; on se contentera de les indiquer sur le tableau indicatif à la suite de la culture du sol extérieur qui les recouvre. Si ces objets occupent extérieurement un espace susceptible d'être calculé, s'ils ont des enclos, des loges, magasins, etc., ils formeront numéro ou parcelle
Propriétés bâties.		La désignation de maison sera donnée aux seuls bâtiments destinés à l'habitation. Les autres bâtiments servant de grange, écurie, bouverie, étable, vacherie, cellier, etc., recevront sur les tableaux indicatifs la désignation de bâtiment rural, ou celle de leur destination spéciale. Les usines et les établissements industriels seront désignés par leur dénomination propre.

RECONNAISSANCE DES PROPRIÉTAIRES. LISTE ALPHABÉTIQUE.

Mesurer toutes les parcelles et en rapporter les figures sur le plan n'est pas la seule opération qui constitue l'arpentage parcellaire. Il en est une autre non moins importante, et qui exige de même tous les soins du géomètre ;

elle consiste à indiquer les propriétaires des parcelles tels qu'ils existent à l'époque de l'arpentage.

Liste alphabétique des Propriétaires.

Pour assurer l'exactitude de cette opération, le géomètre doit rédiger avec le plus grand soin une liste alphabétique présentant les noms, prénoms, surnoms, professions et demeures des propriétaires, ainsi que les numéros des parcelles que chacun d'eux possède dans les différentes sections de la commune.

Avis aux Propriétaires.

A mesure que le géomètre porte ses opérations dans telle ou telle partie du territoire, il invite le maire à en faire publier l'avis aux propriétaires, afin qu'ils puissent assister, par eux ou par leurs fermiers, régisseurs ou autres représentants, à l'arpentage de leurs propriétés, et fournir tous les renseignements propres à bien établir la consistance et les limites des parcelles.

NUMÉROTAGE DU PLAN.

Série de Numéros non interrompue par Section.

Chaque parcelle ou polygone du plan reçoit un numéro d'ordre, dont la série reste non interrompue pour chaque section.

Ordre du Numérotage.

Ce numérotage doit être disposé par triages ou collections de polygones formés par des chemins, rivières, ruisseaux, enclaves ou autres limites fixes.

TABLEAU INDICATIF.

Le plan parcellaire donne exactement la position et la figure de chaque parcelle. Il reste encore à connaître :

1° Le nom de son propriétaire,
2° La nature de sa culture,
3° Le lieu dit où elle est située,
4° Sa contenance,
5° Sa classe,
6° Son revenu imposable.

Ces différentes indications sont consignées dans un *tableau indicatif des propriétaires et des propriétés*. La désignation du propriétaire, de la culture, et du triage ou lieu dit, est fournie par le géomètre chargé du levé du plan Le calcul des contenances concerne le géomètre en chef. L'appréciation de la classe et du revenu imposable est du ressort des agents de l'expertise.

Tableau indicatif par Section.

Il est rédigé pour chaque section un tableau indicatif des propriétaires et des propriétés.

5

Nombre d'articles par page.

Afin de faciliter l'inscription des détails relatifs aux propriétés indivises, ainsi que les diverses corrections ou insertions de noms que peut nécessiter la communication des bulletins d'arpentage, les géomètres ne porteront sur le tableau indicatif que 14 articles par page.

CONFECTION DES BULLETINS.

Les propriétaires ont déjà été mis à même de reconnaître leurs propriétés par la communication provisoire qui a dû leur être faite avant la clôture des travaux d'arpentage. Cette communication est ultérieurement complétée par celle des bulletins, constatant pour chaque propriétaire la nature et la contenance des diverses parcelles qu'il possède dans la commune.

Ces bulletins sont confectionnés dans les bureaux du géomètre en chef.

Détails des Bulletins.

Les bulletins d'arpentage ne sont autre chose que le dépouillement par propriétaire, à l'aide de la liste alphabétique, de tous les articles rangés par ordre topographique dans les tableaux indicatifs.

Ainsi, ils indiquent, dans autant de colonnes, la section, le numéro du plan, le canton, triage ou lieu dit, la nature de propriété, et sa contenance en mesures métriques et en mesures locales.

Les colonnes des contenances doivent être additionnées.

Chaque bulletin contient en tête le nom du propriétaire, et reçoit un numéro d'ordre correspondant à celui que ce dernier occupe sur la liste alphabétique.

Le directeur des contributions doit s'assurer que les bulletins sont écrits lisiblement et correctement, et que les additions des contenances en mesures locales et en mesures métriques ont été faites avant la communication.

Report des Contenances de chaque Bulletin sur la Liste alphabétique.

La confection des bulletins terminée, le géomètre en chef porte sur la liste alphabétique la contenance totale en mesures métriques des parcelles appartenant à chaque propriétaire, et il termine ce travail par la récapitulation des contenances imposables et non imposables de la commune.

La contenance totale du bulletin de chaque propriétaire doit être établie sur la liste alphabétique, avant que les bulletins soient communiqués, et le directeur des contributions est autorisé à se la faire représenter, afin de s'assurer que la récapitulation offre des résultats conformes à ceux des tableaux indicatifs.

ATLAS.

Confection des Atlas.

Le géomètre en chef est chargé de confectionner les copies des plans parcellaires sur des feuilles qui sont reliées ensuite en atlas.

Copie destinée à la Commune.

La minute des plans devant suffire pour tous les renseignements dont l'administration peut avoir besoin, le géomètre en chef n'en livre qu'une copie destinée à la commune.

Écritures, Dessin des Atlas.

Les dispositions prescrites par les règlements, touchant les écritures et le dessin des minutes des plans, sont également applicables aux feuilles d'atlas.

TABLEAU D'ASSEMBLAGE.

Construction du Tableau d'Assemblage.

La réduction des feuilles du parcellaire en tableau d'assemblage est faite dans les bureaux du géomètre en chef.

Détails du Tableau d'Assemblage.

Ce tableau doit présenter la position du chef-lieu, des hameaux et des habitations isolées. On doit y figurer les routes, les chemins vicinaux, les sentiers, les rivières avec leurs ports et bateaux; les torrents, les ruisseaux, les lacs, les étangs et autres objets remarquables; les forêts royales, communales et particulières; la division du territoire en sections et subdivisions de sections; les montagnes et les principaux accidents du terrain.

Dessin, Écritures.

Le tableau d'assemblage étant construit au crayon, on passe les traits à l'encre de la Chine, et l'on suit, pour les écritures et les couleurs, les mêmes règles que celles tracées pour les minutes des plans.

Échelle et Orientement.

Le tableau d'assemblage est construit à l'échelle de 1 à 10,000 ou de 1 à 20,000, selon l'étendue de la commune et la forme de ses limites, et de manière que le plan orienté *nord-sud*, parallèlement aux bords du papier, soit en longueur, soit en largeur, puisse tenir en entier sur une feuille de papier grand-aigle.

Cartouche.

En tête de chaque tableau d'assemblage doit être un cartouche, qui désigne le département, l'arrondissement, le canton, la commune, la date de l'année de la confection, les noms du préfet, du directeur, du maire, du géomètre en chef et du géomètre qui a levé le plan.

Copies du Tableau d'Assemblage.

Le géomètre en chef rédige deux copies du tableau d'assemblage; l'une est mise en tête de l'atlas pour la commune, l'autre est destinée à l'exécution de la nouvelle carte de France.

Cette seconde copie du tableau d'assemblage ne doit pas présenter certains détails qui seraient sans utilité pour le travail des ingénieurs-géographes du Dépôt de la guerre, tels que :

1° La division des communes par sections.

2° Le dessin des boussoles ; il suffit de tracer une méridienne dont une simple flèche indique le nord, et une perpendiculaire passant par le clocher.

3° Les échelles : il est inutile de dessiner l'échelle sur le plan ; on indiquera i mplement le rapport du plan au terrain, en écrivant : échelle de 1 à 10,000, ou de 1 à 20,000.

4° Les écritures moulées ; le dépôt se contente des écritures en bâtarde ou ronde bien lisibles.

5° Les encadrements : on peut se dispenser de les faire.

En compensation des travaux ci-dessus, on désignera par des lettres initiales la nature de culture dominante dans chaque lieu dit.

Dépôt des Minutes des Plans.

Le géomètre en chef reste dépositaire des minutes des plans.

CONFECTION DES ÉTATS DE SECTIONS.

Muni du tableau indicatif dans lequel toutes les propriétés sont classées, et du tarif des évaluations, le directeur procède à la formation des états de sections, contenant par ordre topographique :

1° Les noms du propriétaire ;

2° Les numéros du plan ;

3° Les cantons, triages ou lieux dits ;

4° La nature de la propriété ;

5° La contenance de chaque parcelle ;

6° L'indication des classes ;

7° Le revenu imposable de chaque parcelle de propriété non bâtie ou bâtie.

Le directeur, après avoir copié sur les états de sections tous les détails compris dans les tableaux indicatifs, n'aura plus qu'à remplir la dernière colonne destinée à présenter le revenu imposable de chaque parcelle.

Avant de remplir cette dernière colonne, il devra former, dans l'ordre des numéros du plan, le relevé par nature de propriété, qui servira à l'application des tarifs.

Le revenu de chaque parcelle se trouvant ainsi établi, le directeur remplira la dernière colonne des états de sections.

Le total de la récapitulation de l'état de sections devra concorder, pour la contenance et pour le revenu, avec le total de la récapitulation qui termine le relevé par nature de propriété.

Nombre d'Articles par page.

Les états de sections doivent renfermer vingt-huit articles par page, non compris les totaux des contenances et des revenus.

États de Sections rédigés en simple Expédition.

Le tableau indicatif sert de base pour la confection des matrices cadastrales, et tient lieu de minute des états de sections, dont il est rédigé une simple expédition destinée à la commune.

Relevés par nature de Propriétés.

Il n'est également fait qu'une expédition des relevés par nature de propriétés, laquelle est conservée à la direction.

Nombre de lignes par page.

Ces relevés ne doivent contenir au plus que quarante lignes par page.

Résumé général des Sections.

A l'aide de la récapitulation qui termine le relevé par nature de propriétés, le directeur forme le résumé général des sections. Cette pièce, rédigée en simple minute, reste dans les bureaux de la direction.

CONFECTION DE LA MATRICE.

Lorsque les états de sections sont complétés, le directeur passe à la confection de la matrice cadastrale dans laquelle se trouvent réunies les propriétés non bâties et bâties.

Les bulletins d'arpentage et la liste alphabétique lui servent d'abord à remplir les six colonnes suivantes de la matrice, contenant pour chaque propriétaire :

1° Les noms, prénoms, professions et demeures ;

2° L'indication des sections ;

3° Le numéro du plan ;

4° Les cantons, triages ou lieux dits ;

5° Chaque parcelle de fonds ;

6° Sa contenance imposable.

Puis, à l'aide des tableaux indicatifs ou états de sections, il complète les inscriptions qui manquent, par l'indication des classes et du revenu net de chaque parcelle.

Il porte ces classes dans la matrice, sous la simple désignation de 1re, 2e, 3e, etc., sans faire une ligne particulière pour chaque classe, et met à côté le revenu total de la parcelle qu'il trouve dans les états de sections.

Quant aux propriétés bâties, on trouve également dans les états de sections leurs classes et leurs revenus que l'on place dans la matrice au-dessus de leur superficie.

Tableau en tête de la Matrice.

En tête de la matrice doit être placé le tableau des contenances et des revenus imposables de la commune.

Ce tableau arrêté par le préfet n'est que la récapitulation générale des récapitulations partielles de chaque section.

Récapitulation.

La matrice cadastrale est terminée par une récapitulation dont le résultat doit cadrer avec le total du tableau des contenances et du revenu, placé en tête de la matrice.

Authenticité de la Matrice.

Cette matrice est certifiée par le directeur, vérifiée et arrêtée par le préfet.

Double Expédition de la Matrice.

La matrice cadastrale est faite en double expédition : l'une est destinée à la commune, l'autre reste à la direction.

Numérotage de la Matrice.

Les matrices cadastrales seront numérotées dans l'ordre suivant : le *recto* de la première page sera désigné folio 1, le *verso* folio 2, et ainsi de suite.

Toutes les feuilles remplies ou laissées en blanc seront numérotées de manière que la série des folios ne soit point interrompue.

Nombre des Lignes par page.

Le nombre des lignes portées à la page ne pourra excéder quarante.

Ordre alphabétique.

Les matrices cadastrales autres que celles des villes seront rédigées par ordre alphabétique.

Nombre de Propriétaires par page.

Il ne pourra être porté sur une page de matrice plus d'un article de propriétaire, lors même que ce propriétaire ne posséderait qu'une parcelle.

Cet article commencera toujours à la première ligne de la page.

Table alphabétique.

Le directeur devra rédiger, sur un cahier séparé, une table alphabétique des noms des propriétaires. Cette table présentera, à la suite de chaque lettre, trois fois autant de lignes blanches qu'il y aura de propriétaires portés sous la lettre ; et pour chacune des lettres sous lesquelles il n'existerait aucun propriétaire à l'époque de la confection de la matrice, il sera réservé, dans l'ordre alphabétique, une colonne entière de la table pour l'inscription des nouveaux propriétaires.

Matrices des Villes.

Les matrices des villes de quelque importance seront faites en deux parties.

La première partie comprendra les maisons et jardins, etc., situés dans l'intérieur des villes. Cette partie de la matrice sera rédigée par rue et par numéro des maisons. Il y sera ouvert autant d'articles que les propriétaires posséderont de maisons, sauf le cas où un propriétaire de maisons contiguës en demanderait la réunion en un seul article.

La seconde partie des matrices des villes comprendra les propriétés, bâties ou non bâties, situées dans le territoire rural ou la banlieue. Elle sera rédigée d'après les procédés usités pour les communes rurales.

La table alphabétique des noms des propriétaires sera, pour la première partie des matrices des villes, conforme au modèle ordinaire, sauf l'addition d'une colonne indiquant le nom des rues et des numéros des maisons.

Chaque page de la matrice des villes (1ʳᵉ partie) pourra contenir qua tre articles de propriétaires.

MUTATIONS.

Le travail relatif aux mutations est la suite nécessaire et le complément des opérations cadastrales.

L'administration a écarté jusqu'à ce jour l'idée de suivre sur les plans les variations d'étendue et de configuration qui résultent des divisions et subdivisions de parcelles ; ces plans restent invariables tant que leur état matériel de conservation n'exige pas la confection de nouveaux plans ; mais il était indispensable de tenir les matrices cadastrales au courant des mutations qui surviennent annuellement parmi les propriétaires, et de mettre ainsi ces derniers à portée de connaître la contenance et le revenu servant de base à la fixation de leurs cotes.

L'expérience a prouvé que les propriétaires ne savaient pas toujours désigner avec précision les articles qu'ils avaient pu vendre ou acquérir. Il faut, le plus souvent, les aider à reconnaître ces articles sur le plan, et même sur le terrain ; il faut diviser des domaines en portions inégales, il faut déterminer la situation, la nature, la contenance et le revenu des parcelles entières ou des portions de parcelle qui passent d'un propriétaire à l'autre.

Ce travail demande une grande intelligence des détails, et exige beaucoup d'applications de tarifs, de calculs et d'écritures. Aussi l'administration a-t-elle senti la nécessité de charger les contrôleurs du soin de recueillir et de constater les mutations.

Déclaration des Propriétaires.

Tout acquéreur, cessionnaire, héritier, légataire ou nouveau propriétaire, à quelque titre que ce soit, doit faire la déclaration des biens qu'il a acquis à la mairie de la commune où ces biens sont situés.

Responsabilité de l'ancien Propriétaire.

Tant que la déclaration n'a pas été faite par l'acquéreur ou le vendeur, ce dernier est censé être toujours propriétaire, et peut être contraint au payement de la contribution, sauf son recours contre le nouveau propriétaire.

Réception des Déclarations.

Le contrôleur des contributions, au jour par lui indiqué d'avance et annoncé publiquement par le maire, se transporte dans la commune pour recevoir les déclarations des propriétaires qui ont des mutations à faire opérer.

Il est enjoint expressément au percepteur d'assister à cette opération, et d'apporter avec lui les notes, que les instructions lui prescrivent de tenir, de toutes les mutations parvenues à sa connaissance.

Rédaction des Déclarations.

Après avoir constaté, avec les parties intéressées , les parcelles objet des mutations, il porte sur une feuille de déclaration le nom du vendeur, celui de l'acquéreur, et les parcelles ou portions de parcelle aliénées.

Les contrôleurs sont tenus de recevoir et de rédiger eux-mêmes les déclarations de mutations des propriétés; ils indiquent sur chaque feuille de déclaration les changements survenus dans le nombre des portes et fenêtres.

Représentation du Titre non exigée.

Les mutations foncières sont recueillies, conformément à la loi du 3 frimaire an VII, d'après les déclarations des parties intéressées, qui font connaître à quel titre la mutation a eu lieu, sans être obligées de reproduire l'acte qui la justifie.

A défaut de ces déclarations qui devront être provoquées par les maires des communes, sur les indications du percepteur ou de la notoriété publique, il pourra être procédé d'office à l'établissement de la mutation, lorsque le changement survenu dans la propriété sera constaté par l'enregistrement de l'acte.

Signatures de la Déclaration.

Chaque déclaration est signée par le déclarant ou par les déclarants. Lorsque aucun des déclarants ne sait signer, la déclaration, en ce cas, est certifiée par le maire.

Feuille de Déclaration pour chaque Article non relatif au même Vendeur et au même Acquéreur.

Chaque feuille de déclaration ne doit comprendre que les articles concernant le même vendeur et le même acquéreur.

On suivra dans l'inscription des parcelles l'ordre naturel des sections et des numéros du plan.

Procédé pour constater les Mutations.

Les déclarations de changements peuvent avoir pour objet :

1° Une parcelle entière,

2° Une portion de parcelle n'ayant qu'une classe,

3° Une portion de parcelle divisée en plusieurs classes.

Dans le premier cas, après avoir reconnu avec les déclarants la parcelle aliénée, on n'aura qu'à copier sur la feuille de déclaration toute la ligne que cette parcelle occupe dans la matrice.

Dans le second cas, on inscrira la contenance aliénée seulement, et l'on déterminera le revenu imposable d'après cette portion de contenance.

Les dispositions suivantes seront applicables dans le cas où la parcelle aliénée se trouvera divisée en plusieurs classes.

Les classes des parcelles n'étant pas distinguées dans la matrice par leurs contenances et leurs revenus particuliers, le contrôleur n'aura point égard aux classes dans lesquelles une parcelle aura été divisée. Le revenu à donner aux acquéreurs ou cohéritiers qui se partagent une parcelle distribuée en plusieurs classes sera déterminé en raison de la portion de contenance que chacun d'eux aura prise dans cette parcelle. Toute l'opération consistera à diviser le revenu total de la parcelle par sa contenance totale, pour avoir un prix moyen applicable à la portion de contenance aliénée dans la parcelle.

Toutefois, si le vendeur était d'accord avec l'acquéreur sur la contenance et le revenu que celui-ci doit prendre, le contrôleur porterait cette contenance et ce revenu sur la feuille de déclaration.

Envoi au Directeur.

A mesure que les déclarations sont recueillies, le contrôleur les envoie au directeur, qui opère immédiatement les changements sur les matrices déposées dans ses bureaux.

Mode d'Inscription.

L'inscription des mutations sur les matrices consiste à rayer du compte du vendeur les parcelles aliénées, et à les ajouter au compte de l'acquéreur.

On inscrit en regard de chaque parcelle l'année de la mutation, ainsi que les folios de la matrice, d'où sont tirés et où sont passés les articles vendus ou acquis.

Le dernier total des contenances et des revenus de l'acquéreur et du vendeur est rayé. Leurs contenances et revenus sont additionnés de nouveau, pour former un nouveau total, de sorte que la situation de chaque propriétaire se trouve constamment à jour, et que la formation d'une nouvelle matrice n'est plus que la transcription de l'ancienne avec les modifications qu'elle a subies.

Parcelles aliénées en partie.

Les parcelles aliénées en partie sont rayées comme celles aliénées en entier. Après avoir indiqué les folios où elles passent, on ajoute *et ci-après*; le reste de la parcelle est retranscrit à la suite de l'article, et l'on met *ci-dessus* dans la colon ne indicative du foliod'où les parcelles sont tirées.

Ordre alphabétique non observé pour les Articles nouveaux.

L'ordre alphabétique n'étant plus observé pour les articles des nouveaux propriétaires, ces articles pourront remplacer les articles biffés, lorsque les lignes restant en blanc seront au moins aussi considérables que les parcelles à inscrire.

A défaut d'espace suffisant, on placera les articles nouveaux à la fin de la matrice, en se conformant aux dispositions prescrites à l'égard des espaces en blanc à laisser entre chaque propriétaire.

Lignes blanches réservées à la suite d'un Article, remplies.

Lorsque toutes les lignes blanches réservées à la suite d'un article seront remplies, et que le propriétaire acquerra de nouvelles parcelles, l'article sera continué sur une autre page de la matrice. Le directeur portera sur la dernière ligne de l'article primitif les mots suivants : *continué à la page. . . . .* et en tête de la page sur laquelle l'article aura été continué, il écrira : *suite de l'article porté à la page. . . . .* Les totaux des contenances et des revenus continueront d'être inscrits à l'article primitif.

Vente ou Cession d'un Article entier à un Propriétaire nouveau.

La vente ou cession d'un article entier à un propriétaire non encore inscrit dans la matrice n'entraînera point la retranscription de l'article. Le directeur se bornera à substituer le nom de l'acquéreur à celui du vendeur.

Propriétaire acquéreur d'un Article plus considérable en parcelles que celui qu'il avait déjà.

Si un propriétaire déjà inscrit à la matrice acquiert la totalité d'un article plus considérable en parcelles que celui qu'il avait déjà, son nom sera substitué à celui du vendeur, et les parcelles comprises dans l'ancien article que possédait cet acquéreur seront retranscrites à la suite de l'article du vendeur.

Table alphabétique.

La table alphabétique doit être mise chaque année en concordance avec la matrice.

Cette opération consiste à rayer les folios et les noms des propriétaires qui ne possèdent plus rien dans la commune, et à inscrire les nouveaux à leur ordre alphétique, avec indication du folio qui leur est ouvert sur la matrice cadastrale.

État de Situation ancienne et nouvelle.

Lorsque tous les changements sont opérés sur la matrice, le directeur récapitule sur un cadre les situation ancienne et nouvelle des propriétaires qui ont donné lieu aux changements. Il acquiert, par la balance des deux résultats, la certitude que les mutations ont été exactement effectuées.

Envoi au Contrôleur des États de situation ancienne et nouvelle.

A mesure que les applications sont terminées, le directeur envoie les déclarations et les états de situation ancienne et nouvelle au contrôleur qui opère de la même manière sur les copies des matrices cadastrales. Celui-ci renvoie ces pièces au directeur, lorsqu'il en a fait l'usage prescrit.

Autorisation accordée aux Contrôleurs.

Les contrôleurs, sous leur responsabilité personnelle, et à la charge par eux de pourvoir aux frais de transport, sont autorisés à réclamer successivement des maires les copies des matrices, pour procéder à l'application des mutations.

Toutefois il ne résulte pas, de cette facilité donnée aux contrôleurs, une obligation pour les maires, qui peuvent se refuser au déplacement de ces pièces, auquel cas l'application des mutations doit être opérée dans la commune même.

Vérification de l'Inspecteur.

Chaque année l'inspecteur procède à la vérification de l'application des changements sur les matrices cadastrales déposées dans les mairies.

La vérification de l'inspecteur s'étend au cinquième des communes dont se compose chaque canton. Le directeur lui fait connaître celles qui doivent être vérifiées et lui transmet en même temps, pour faciliter sa vérification, les états de situation ancienne et nouvelle, ainsi que les feuilles de déclarations.

La désignation des communes doit être combinée de telle sorte que, dans une certaine période, la totalité des communes ait été successivement vérifiée.

L'inspecteur exerce cette partie de ses fonctions au domicile des contrôleurs, à l'époque où ceux-ci ont momentanément les matrices dans leurs bureaux. Ayant toutes les pièces sous sa main, cet employé supérieur pourra, après s'être livré à la vérification des transcriptions concernant les communes désignées par le directeur, prendre connaissance de l'ensemble du travail, et se mettre ainsi à portée d'acquérir de nouvelles preuves que l'application des mutations a été faite sur toutes les matrices avec soin et régularité.

Mode de Vérification.

L'inspecteur vérifie les additions des articles qui ont subi des changements ; il s'assure que les numéros des renvois sont exactement placés, et que les écritures sont faites avec le soin et la netteté convenables.

Il dresse, s'il y a lieu, l'état des erreurs qu'il a rectifiées : il constate la date de son examen par un *visa* sur la dernière page de la matrice cadastrale, et, dans un rapport circonstancié, en fait connaître le résultat au directeur.

Retranscription des Matrices.

Si par suite d'erreurs commises dans l'application des mutations sur les matrices des communes, ou par défaut de netteté et de soins, il devenait nécessaire de procéder à une nouvelle transcription, les frais de ce travail seraient supportés par le directeur, sauf son recours contre le contrôleur.

Les changements que la succession des temps aura introduits dans la matrice de rôle d'une commune en rendront, au bout de quelques années, la transcription inévitable. Cette transcription, dont MM. les préfets régleront la dépense, étant un objet d'utilité purement locale, la commune qu'elle intéresse devra en acquitter les frais.

La matrice déposée à la direction sera recopiée simultanément, pour se trouver en concordance avec celle de la commune.

Renvoi des Matrices dans les Archives des Mairies.

Aussitôt que l'inspecteur a terminé ses vérifications, les contrôleurs renvoient les matrices cadastrales, qui doivent toujours être réintégrées dans les archives des mairies, quelque temps avant la tournée des mutations.

Ils transmettent en même temps au directeur les différentes pièces qui leur ont été données en communication.

AUGMENTATIONS ET DIMINUTIONS SURVENUES DANS LES CONTENANCES ET LES REVENUS IMPOSABLES.

Registre des Augmentations et des Diminutions.

Il sera ouvert dans chaque commune cadastrée un registre destiné à présenter les augmentations et les diminutions survenues dans les contenances et les revenus portés sur les matrices.

Les feuilles de ce registre seront placées en tête des matrices nouvellement établies et renfermées sous la même reliure.

[Renseignements à recueillir par les Contrôleurs.

Les contrôleurs, lors de la réception des déclarations de changements, devront recueillir tous les renseignements qui se rattachent à la perte ou à l'augmentation de la matière imposable. Ils auront soin de porter sur le registre ci-dessus mentionné les indications nécessaires, pour que les propriétés bâties, nouvellement construites ou reconstruites ne soient imposées qu'à partir de la troisième année de leur achèvement.

Terrains devenus imposables.

Un terrain, qui n'existait pas pour l'imposition, devient susceptible d'être imposé soit par le changement de lit d'un fleuve, d'une rivière ou d'un torrent, soit par le retirement de la mer, soit par la cession ou l'échange qu'en fait le domaine de l'État ou de la couronne, soit par une nouvelle direction donnée à une route, soit par la destruction d'un bâtiment déclaré non imposable, soit enfin par toute autre cause donnant lieu à cotisation de l'impôt foncier.

Terrains cessant d'être imposables.

Un terrain ou portion de terrain cesse d'être imposable, soit par le changement de lit d'un fleuve, d'une rivière ou d'un torrent, soit par l'envahissement de la mer, soit par sa réunion au domaine de l'État ou de la couronne, soit parce qu'il se trouve compris dans une grande route, une rue, une place publique, ou qu'il est consacré à un bâtiment déclaré non imposable, soit enfin pour toute autre cause donnant lieu à l'exemption de l'impôt foncier.

Perte ou Augmentation de Matière imposable réglée par les Répartiteurs.

Lorsque par suite d'*alluvion*, de *corrosion* ou de toute autre cause, le revenu d'une matrice cadastrale est accru ou diminué, les modifications sont réglées par le maire et les commissaires répartiteurs, qui, dans ce cas, arrêtent et signent les déclarations sur lesquelles les changements sont énoncés.

Les répartiteurs déterminent également, d'après le même mode, le revenu imposable des nouvelles constructions, ou la portion de revenu qui s'applique à des démolitions.

Transports de Contributions.

Le directeur des contributions présente chaque année au préfet le relevé des résultats du registre des changements survenus dans les allivrements, afin que ce magistrat soit à portée de faire opérer les augmentations et les diminutions convenables dans le contingent du département, de l'arrondissement et de la commune.

Lorsqu'il y a distraction et réunion de territoire de commune à commune dans un même département, le préfet, d'après le rapport du directeur, transporte par un arrêté, sur la commune à laquelle la réunion a été faite, la contribution foncière en principal afférente au terrain, objet de cette réunion, et dégrève d'autant la commune qui perd ce terrain.

Les transports de contribution d'un département à l'autre sont faits par le gouvernement.

Exceptions.

Il est à remarquer toutefois que les dispositions qui précèdent ne s'appliquent qu'aux propriétés non bâties. Les pertes ou augmentations de revenus imposables relatives aux propriétés bâties, ne donnent lieu à aucune modification de contingent. La cotisation d'une maison détruite est rejetée sur toutes les autres, qui, par une suite nécessaire, profitent de la cotisation d'une maison nouvellement construite.

A l'égard des terrains cédés à la voie publique, le contingent des départements n'est diminué que dans le cas où ces terrains sont destinés à l'établissement des routes royales.

Époque où le Registre des Augmentations et des Diminutions est mis au courant par le Contrôleur.

Le registre des augmentations et des diminutions est mis annuellement au courant par les contrôleurs, à l'aide de l'état de situation ancienne et nouvelle, au moment où ils procèdent à l'application des mutations sur les copies des matrices cadastrales.

RÉSUMÉ.

On voit, par l'exposé qui précède, que toutes les mesures ont été prises pour assurer aux plans l'exactitude la plus rigoureuse. Appuyés d'abord sur une triangulation qui force sans cesse le géomètre d'accorder tous ses détails avec les points d'observations qui lui sont fournis d'avance, ils sont vérifiés par le géomètre en chef qui en demeure responsable et se trouve lui-même soumis à diverses contre-vérifications.

Ces plans éprouvent ensuite deux contrôles non moins sévères. Le premier est celui des propriétaires à chacun desquels les bulletins d'arpentage sont communiqués, et qui sont admis, provoqués même à faire redresser toutes les erreurs que cette communication les met à portée de découvrir.

Le dernier contrôle a lieu naturellement par l'effet du classement. Les agents de l'expertise, parcourant parcelle par parcelle tout le territoire arpenté, doivent retrouver toutes les positions, désignations et configurations indiquées par le plan, ou doivent le faire rectifier, jusqu'à ce qu'il soit devenu l'image fidèle du terrain.

Il est difficile qu'après tant d'épreuves un plan parcellaire se trouve défectueux.

Les opérations cadastrales se résument, pour chaque commune de France, en cartes ou plans, et en volumes de texte. Les plans consistent : 1° en un tableau d'assemblage contenant le figuré de son territoire limité par les communes voisines, avec indication des sections, séparées généralement entre elles par une ligne coloriée en carmin et des ondulations de terrain exprimées par des teintes ; cette partie n'a pas toujours l'exactitude désirable ; 2° en feuilles renfermant chacune une section, divisée par parcelles et dressée généralement à l'échelle de $\frac{1}{1250}$ ou de $\frac{1}{5000}$. Ces feuilles sont la clef de voûte de tout le système cadastral, et avec elles on peut connaître l'étendue de chaque parcelle de terrain cultivé ou bâti de la commune. Chacune des sections a un numéro d'ordre particulier commençant par l'unité ; chaque lieu dit, faisant partie de la section, est indiqué par une ligne coloriée en jaune.

Les volumes de texte se composent :

1° De l'état indicatif des propriétés de la commune, imposables ou non imposables.

Cet état contient le nom du propriétaire de chaque parcelle de terrain composant une section ; il prend alors le nom d'état de section. Les sections sont réunies ; elles forment le registre intitulé état indicatif des propriétés communales. Ce registre contient bien le nom de chaque propriétaire, mais seulement par numéro d'ordre.

2° Du registre intitulé matrice cadastrale ; c'est le nom, par ordre alphabétique, des propriétaires de chaque parcelle de terrain faisant partie du territoire de la commune ; on réunit toutes les parcelles possédées par le même propriétaire.

Les états de section sont le livre-journal des opérations cadastrales ; la matrice cadastrale en est le grand-livre.

On voit, par ce qui vient d'être dit, que les cartes et les registres sont coordonnés de manière qu'on puisse toujours avec certitude connaître, en les consultant, l'étendue réelle de chaque parcelle de terrain. composant le territoire d'une commune et le nom de son propriétaire.

Pour familiariser le lecteur avec les dispositions de ces registres, on va donner copie partie de l'état de section du Mont-Valérien, et d'un extrait de la matrice cadastrale de la commune de Suresne ; ces copies, reproduisant textuellement les titres et les tableaux avec leurs divisions et leurs colonnes, sont le spécimen fidèle des états de section et des matrices cadastrales existant dans chaque commune de France.

La Pl. 22 de l'Atlas est la copie de partie du plan parcellaire d'une section.

DÉPARTEMENT
de la Seine.

ARRONDISSEMENT
de Saint-Denis.

CANTON
de Courbevoie.

COMMUNE
de Suresnes.

ADMINISTRATION

DES CONTRIBUTIONS DIRECTES.

CADASTRE.

TABLEAU INDICATIF *des propriétés foncières, de leurs contenances et de leurs revenus.*

SECTION A

dite *du Mont-Valérien.*

6

NOMS, PRÉNOMS PROFESSIONS ET DEMEURES des propriétaires.	Nᵒˢ du PLAN.	CANTONS, TRIAGES ou LIEUX DITS.	NATURE des PROPRIÉTÉS.	CONTENANCES en mesures métriques.			CLASSEMENT en chiffres	CLASSEMENT EN TOUTES LETTRES.	REVENU.		NOMBRE D'OUVERTURES imposables. Portes cochères, char retières et de magasin.	Portes et fenêtres ordinaires.
				hect.	ar.	cent.			francs.	c.		
Gouvernement (Ministère de la Guerre)	1	Fontaine du Tertre	Terre	11	46	49	»	Non imposable				
Gouvernement —	2		Fossé	3	95	57	»	Id.				
Gouvernement —	3		Forteresse	19	43	84	»	Id.				
Gouvernement —	3 bis.		Terre		16	36	»	Id.				
Gouvernement —	4		Forteresse	1	11	96	»	Id.				
Gouvernement —	5		Fossé		47	26	»	Id.				
Lebreton (Edouard), veuve	5 bis.		Terre	»		16	3		»	46		
Gouvernement (Ministère de la Guerre)	6		Terre	3	38	30	»	Non imposable	»	»		
Lamarre (Jacques-Guillaume)	7		Vigne		1	21	2		»	34		
Gouvernement (Ministère de la Guerre)	8		Terre		1	98	2		3	47		
Nezot (Guillaume), gendre Saulnier	9		Terre		1	34	2		2	14		
Nezot (François), gendre Jullien	10		Terre		5	67	2		2	67		
Jean-Michel Leroy	11		Vigne		4	68	2		7	49		
Petit (François), gendre Philippe	12		Vigne		»	18	2		6	69		
Gouvernement (Ministère de la Guerre)	13		Terre		»	39	2		»	62		
Roger (Louis-Ferdinand)	14		Terre		1	70	2		2	72		
Breton (Jacques), gendre Cochery	15		Oseraie		»	70	2		1	12		
Chevillard (Auguste), à Ville-d'Avray	16		Terre		1	01	2		1	62		
Lamarre (Jacques-Guillaume)	17		Vigne		1	29	2		2	06		
Chevillard (Auguste), à Ville-d'Avray	18		Maison		»	89			15	»	1	
Chevillard (Auguste), à Ville-d'Avray	18		Sol		1	04	1		3	97		
Chevillard (Auguste), à Ville-d'Avray	19		Jardin		2	02	2		4	28		
			Total...	42	63	02		Total de la Page.....	54	35		

NUMÉROS des feuillets.	CONTENANCES			REVENUS.		NUMÉROS des feuillets.	CONTENANCES			REVENUS.		NUMÉROS des feuillets.	CONTENANCES			REVENUS.		NUMÉROS des feuillets.	CONTENANCES			REVENUS.	
	hect.	ar.	cent.	francs.	c.		hect.	ar.	cent	francs.	c.		hect.	ar.	cent	francs.	c.		hect.	ar.	cent	francs.	c.
1er	42	63	02	54	35																		
TOTAL....	42	63	02	54	35																		
A déduire les numéros 1 à 4 et 6 qui passent à la cont. non-imposable	42	39	48	»	»																		
	»	23	54	54	35																		

Contenance des propriétés imposables établie d'autre part 23 54

CONTENANCE *des parties non imposables.*

Chemins.			
Places publiques			
Rivières et Ruisseaux.			
Église			
Cimetière			
Presbytère			
Terres, Nᵒˢ 1, 3 *bis*, 6.	17	70	85
Fossés, — 2, 5.	4	42	83
Fort, — 3, 4.	20	25	70

42 39 48

TOTAL GÉNÉRAL. 42 63 62

CERTIFIÉ *exact et conforme au Cahier du calcul des parcelles.*

A   le   185

LE GÉOMÈTRE EN CHEF,

ARRÊTÉ *à*   *le*

Les Propriétaires classificateurs,   L'Expert,   Le Contrôleur,

Le Directeur des contributions directes certifie que le revenu de la présente section est entièrement conforme à celui constaté aux relevés par nature de culture.

A   le   185

Le registre, appelé matrice cadastrale, contient d'abord le détail des augmentations et des diminutions survenues annuellement dans les contenances et les revenus portés dans les matrices cadastrales,

Ensuite la liste alphabétique des propriétaires compris dans ces matrices,

Puis, la matrice des propriétés foncières de la commune,

Et enfin, la matrice cadastrale proprement dite contenant le nom, par ordre alphabétique, des propriétaires des immeubles communaux, avec le détail des différentes parcelles possédées par chacun d'eux.

Le tout, compris sous la même reliure, porte les divers titres suivants :

Administration des contributions directes.

CADASTRE

1° Registre présentant les augmentations et les diminutions survenues dans les contenances et les revenus portés sur les matrices cadastrales :

Suivent les détails, par années, de ces augmentations et de ces diminutions; viennent ensuite plusieurs feuillets blancs.

2° Table alphabétique des propriétaires compris dans la matrice cadastrale;

A.

Alexandre, etc. ; puis des feuillets en blanc.

° Matrice des propriétés foncières de la commune de, etc.
Récapitulation des contenances et des revenus imposables :

Propriétés non bàties ;

Terres labourables : 1re classe.
2^e
3^e
4^e

Prés, etc.

Et ainsi pour chaque nature de culture. Ces indications sont suivies de feuillets blancs.

A la suite et sans titre se trouve la matrice cadastrale proprement dite. On en donne ici le spécimen de deux pages.
La première contient le nom d'un propriétaire possédant plusieurs parcelles.
La seconde comprend le nom d'un propriétaire ne possédant qu'une seule parcelle.
Toutes les autres pages présentent le nom des propriétaires, par ordre alphabétique, et chacune d'elles est consacrée à un seul propriétaire, quel que soit le nombre de parcelles qu'il possède.
Le premier nom s'inscrit sur le recto du feuillet, le second sur le verso, et les autres suivent successivement et de page en page.

NOMS, PRÉNOMS, PROFESSIONS ET DEMEURES des Propriétaires et Usufruitiers.	ANNÉE de la mutation entrée.	sortie.	INDICATION de la section.	du n° du plan	des rues, cantons ou lieux dits.	N°s des maisons.	de la nature de la propriété.	CONTENANCE IMPOSABLE par parcelle hect.	ares.	cent.	TOTAL hect.	ares.	cent.	CLASSE.	REVENU par parcelle francs	cent.	TOTAL francs	cent.	RENVOI DES MUTATIONS Tiré du folio.	Porté au folio.	Portes cochères, charretières et de magasin.	Portes et fenêtres ordinaires.
Hurd Vallée, avenue de Neuilly, à Neuilly...			A	20	Fontaine du Tertre		Terre......		17	27	2	12	70	2	27	63	1179	74				8
				23	—		Maison......		»	»					50	»						
				23	—		Sol.........		1	20				4	2	52						
				21	—		Briqueterie...		»	»					435	»						
				24	—		Sol.........		2	02				1	4	21						
				25	—		Plâtrière.....		»	»					230	»						
				25	—		Sol.........		2	40				1	5	04						
				26	—		Terrain.....		51	53				2	82	45						
				27	—		Jardin......		13	68				2	28	73						
				28	—		Vigne......		4	16				1	8	74						12
				29	—		Vigne......		41	02				1	23	44						
				30	—		Maison......		»	»					400	»						
				31	—		Jardin......		»	97				2	2	04						
				32	—		Vigne......		3	32				2	5	31						
				33	—		Terrain.....		1	85				2	2	96						
				34	—		Jardin......		»	50				2	1	05						
				42	Clos des Seigneurs.		Terre......		»	90				3	»	90						
				122	Les Gateaux......		Terre......		12	86				2	20	58						
				123	—		Vigne......		4	44				2	7	40						
				132	—		Vigne......		41	82				2	18	91						
				133	—		Terre......		48	85				2	78	16						
				134	—		Jardin......		12	34				2	25	92						
				135	—		Vigne......		4	51				2	2	42						
				136	—		Terre......		1	47				2	2	35						
				138	—		Terre......		6	98				2	41	47						
				30	Fontaine du Tertre		Sol.........		1	61				1	3	38						

NOMS, PRÉNOMS, PROFESSIONS ET DEMEURES des Propriétaires et Usufruitiers.	ANNÉE de la mutation		INDICATION				CONTENANCE IMPOSABLE		CLASSE.	REVENU		RENVOI DES MUTATIONS.		NOMBRE D'OUVERTURES imposables.	
	en-trée.	sor-tie.	de la sec-tion.	du n du plan.	DES RUES, CANTONS ou lieux dits.	N°ˢ des mai-sons.	de la nature de la propriété.	par parcelle.	TOTAL.		par parcelle	TOTAL.	Tiré du folio.	Porté au folio	Portes cochères, charretières et de magasin.	Portes et fenêtres imposables.
								hect. ares. cent	hect. ares. cent.		francs. cent.	francs. cent.				
Mouchotte (Alexis)....			A		Fontaine du Tertre	21	Terre	4 45	4 45	2	7 12	7 12				

PLANCHES 23 ET 24

Ces deux planches ont pour but de bien faire comprendre, en parlant aux yeux, ce qu'on entend par échelle en topographie.

La planche 23 représente le mont Valérien et ses environs à l'échelle du $\frac{1}{10.000}$; c'est-à-dire que l'on représente sur un papier d'un mètre carré un terrain de dix mille mètres carrés, en conservant aux objets représentés leur grandeur relative.

La planche 24 donne la réduction de cette même carte à l'échelle du $\frac{1}{20.000}$, $\frac{1}{40.000}$, $\frac{1}{80.000}$, $\frac{1}{1.000.000}$ et du $\frac{1}{1.500.000}$; sur le côté gauche de cette carte se trouvent les signes conventionnels pour les clôtures en pierres, en planches, en terre, en haies, en buissons et en fossés, ainsi que pour divers autres objets.

Dans ces planches, les natures de culture sont indiquées, comme dans le cadastre, par des lettres.

PLANCHES 25 ET 26.

Ces deux planches résument les méthodes usitées pour exprimer le relief du terrain. Elles sont divisées en huit carrés numérotés de 1 à 8; avant toute explication sur le système de gravure employé dans chacun de ces carrés, on doit rappeler que les cartes topographiques, en France, sont censées éclairées soit par la lumière oblique, soit par la lumière verticale. Chacune de ces deux manières d'éclairer la carte a des règles qui lui sont propres. Dans les cartes éclairées par la lumière oblique, chaque objet conserve sa forme naturelle et projette son ombre; dans les cartes éclairées par la lumière verticale, les objets n'ont plus leur aspect naturel; ils sont représentés par la forme qu'ils ont, lorsqu'ils sont vus à vol d'oiseau et perpendiculairement à la terre.

Le carré n° 1 contient : 1° la vue du mont Valérien prise par la photographie sur les bords de la Seine, dans le bois de Boulogne, près la borne poteau n° 227; la perspective est employée par les ingénieurs de la marine pour exprimer les vues qui figurent dans leurs cartes. (Voir carte n° 33.) 2° Le profil du terrain depuis le sommet du mont Valérien jusqu'au réservoir du bois de Boulogne.

C'est au profil qu'ont recours les ingénieurs des ponts et chaussées pour exprimer le relief du terrain et notamment pour calculer les déblais et les remblais des chaussées et des chemins de fer.

Le carré n° 2 est le système de gravure en usage chez les ingénieurs de la marine. Le relief du terrain est exprimé par des hachures arbitrairement fixées et espacées, employées uniquement comme teinte et sans aucune signification géométrique; le noir est l'expression de la hauteur de la montagne; la dégradation de la teinte indique la pente plus ou moins rapide, la carte étant éclairée par la lumière oblique, les natures de culture sont assujetties à la règle qui en découle; les terres labourées sont indiquées par des lignes ponctuées imitant des sillons; les vignes, par des ceps; les prairies,

par des herbes, et les bois, par des touffes d'arbres. (Voir, pour plus de détail, pl. 27 et 28, 31 et 32.)

Le carré n° 3 est le système de gravure adopté par la commission de topographie de 1828. La carte est éclairée par la lumière verticale; la hauteur des montagnes est exprimée par des courbes de niveau équidistantes[1], les terres labourées sont en blanc, les vignes sont représentées par des points; les prairies, par des lignes verticales imitant des brins d'herbes couchés par terre, et les bois, par des points ronds plus ou moins rapprochés, imitant les arbres vus à vol d'oiseau.

Le carré n° 4 est la gravure suivant le même système; avec cette seule différence que les courbes de niveau équidistantes sont remplacées par des hachures ou lignes de plus grande pente; la longueur de ces hachures et leur épaisseur sont assujetties aux règles fixées par la commission de topographie de 1828 (voir pages VIII et IX), et ont une signification géométrique déterminée par l'échelle choisie.

Le carré n° 5 est gravé d'après le système adopté par cette commission, en ce qui concerne les natures de culture; la montagne est exprimée par des teintes; le noir indique l'élévation.

Le carré n° 6 est gravé suivant la méthode des ingénieurs de la marine; les teintes remplacent les hachures pour exprimer le relief du terrain.

Le carré n° 7 est une carte dessinée, lavée à l'effet pittoresque ou à l'effet; on la suppose éclairée par la lumière oblique, et tous les objets représentés projettent leur ombre; les terres labourées sont teintées; on ne laisse en blanc que les chemins et les cours.

Le carré n° 8 est une carte entièrement gravée, lavée topographiquement. On la suppose éclairée verticalement; une teinte plate de couleurs conventionnelles est jetée sur les natures de culture; les terres labourées et les vergers sont en blanc.

PLANCHES 27 ET 28.

Ces deux cartes donnent la signification des signes et des teintes conventionnelles employées pour les cartes dessinées, et des signes conventionnels adoptés en gravure pour indiquer les différentes natures de culture dans les cartes éclairées par la lumière oblique ou par la lumière verticale.

Chaque nature de terrain ou de culture est exprimée de trois manières différentes, dans trois carrés réunis sous un même titre. Le premier carré est le dessin fait sur les lieux par le géomètre; chaque objet est désigné par le mot écrit qui l'exprime; son contour est indiqué par des lignes tracées à l'encre; le second carré est la mise au net de ce dessin, en employant les couleurs conventionnelles au lieu des noms; enfin le troisième carré en est la gravure. Les natures de culture et de terrain y sont représentées par les signes graphiques adoptés par les services publics, et variant d'après le point d'où est censé venir la lumière. On va expliquer la signification de ces

---

[1] La carte étant à l'échelle du $\frac{1}{10.000}$, l'équidistance est de 5 mètres.

teintes et de ces signes graphiques, en suivant l'ordre de ces diverses natures de culture et de terrain, indiqué dans ces deux planches par un titre qui sera répété ici pour éviter toute confusion.

Terres labourées dans les pays entièrement cultivés.

Dans les cartes dessinées, ces terres sont indiquées par des lignes noires exprimant la configuration de chaque parcelle de propriété; ces terres ne se teintent pas; il est convenu que le blanc du papier les indiquera pour le dessin et même pour la gravure; toutefois, dans les cartes éclairées par la lumière oblique, et gravées suivant le système de la marine, des lignes ponctuées, imitant des sillons, sont employées comme expression de ces sortes de terres. (Pour en voir l'application, se reporter aux planches 31-32, lettre R.)

Terres labourées dans les pays de montagne.

Dans les cartes dessinées, des lignes noires indiquent les limites des propriétés; les natures de culture sont exprimées par une teinte de terre de Sienne calcinée (voir page x); en gravure, elles sont représentées par des lignes ponctuées, dans les cartes éclairées par la lumière oblique; elles restent en blanc dans celles éclairées par la lumière verticale.

Terres humides.

Mêmes observations que pour les natures de culture dont il vient d'être question; toutefois, dans les cartes dessinées, les terres humides sont représentées par une teinte panachée horizontalement de vert et de bleu. (Voir page xi.)

Vignes.

Plante qui porte le raisin; étendue de terre plantée de ceps de vigne.

Dans les cartes dessinées, les vignes sont représentées par des points, quand on fait abstraction de toute lumière (système du Dépôt de la guerre); et par des ceps, quand on suppose la carte éclairée par la lumière oblique; la couleur conventionnelle qui les désigne est brun rouge. (Voir page xi.) En gravure, comme dans le dessin, elles sont exprimées par des points ou par des ceps; le signe graphique est déterminé d'après la manière dont on suppose la carte éclairée.

Prairies.

Étendue de terre qui produit de l'herbe, du foin.

Dans les cartes dessinées ou gravées, les prairies sont représentées par de petites lignes noires verticales et rapprochées, quand on suppose que la lumière tombe verticalement comme dans ce carré; et par l'imitation de brins d'herbes, si la lumière vient obliquement. Voir pour l'application, si la lumière est verticale, planche 35-36, et si la lumière est oblique, planche 31-32. La couleur conventionnelle qui les exprime est vert d'herbe. (Voir page x.)

Vergers.

C'est un lieu dont le sol est couvert d'herbes et planté d'arbres fruitiers; la couleur qui exprime le fond est la même que pour les prairies (vert d'herbe léger; voir page x), et celle indiquant les arbres en vert jonquille (voir bois et forêts, page xi).

Dans le dessin, le fond est en blanc et les arbres sont indiqués par des points, si la carte est éclairée par la lumière verticale; et par l'imitation d'arbres, si la lumière est censée venir obliquement. La gravure a deux manières d'exprimer les vergers, motivées par le point d'où vient la lumière : quand la carte est éclairée verticalement (système du Dépôt de la guerre), le sol est représenté par des lignes noires verticales comme les prairies; et les arbres par des points ronds faits au positionnaire. (Voir pl. 35. Signes conventionnels, vergers.) Si la carte est éclairée par la lumière oblique, le sol reste en blanc et les arbres sont représentés par leur imitation naturelle, selon leur espèce.

Friches.

Ce sont des terres laissées sans culture. Dans le dessin et dans la gravure, le sol reste en blanc; il est parsemé de petits points noirs massés de manière à imiter des touffes d'herbes; la couleur conventionnelle employée pour teinter les friches est panachée de vert pistache et aurore léger. (Voir page x.)

Forêts et Bois.

Lieu planté de certaines sortes d'arbres.

Dans le dessin, le contour des propriétés est indiqué par des lignes noires, et la nature des essences de bois, par leur nom même écrit en lettres; la couleur conventionnelle qui les désigne est jaune jonquille (voir page x); en gravure, les bois sont représentés par des ronds noirs faits au positionnaire, plus ou moins rapprochés et plus ou moins grands, dans les cartes éclairées par la lumière verticale; et par des imitations d'arbres et de futaies, avec ombre, quand la lumière est supposée venir obliquement.

Broussailles.

On nomme ainsi les épines, les ronces et les autres sortes de bois semblables qui croissent dans les forêts et en d'autres endroits. Dans le dessin, le sol qui les produit reste en blanc; on le parsème de points noirs dont la réunion imite des touffes d'arbustes; les signes graphiques employés en gravure sont les mêmes que ceux du dessin, ils sont seulement plus finis. La couleur dont on teinte les broussailles est panachée de jaune paille et vert léger. (Voir page xi.)

Bruyères.

C'est une sorte de petit arbuste qui croît dans des terres incultes et stériles; on nomme aussi bruyères le lieu où croisent ces arbustes. Dans le dessin et en gravure, le sol reste en blanc; on le parsème de massifs faits avec des points noirs imitant des touffes de hautes herbes; on les colorie avec une teinte panachée de vert et rose. (Voir page xi.)

Landes.

C'est une grande étendue de terre où il ne vient que des bruyères, des genêts, etc., etc., remplie de flaques de sable recouvertes d'eau en hiver.

Dans le dessin, le sol reste en blanc; des lignes noires indiquent les limites des flaques de sable; on les colorie avec une teinte vert olive et aurore; vert olive pour le sol, et aurore pour les flaques de sable; en gravure, on emploie pour représenter le sol les mêmes signes graphiques que pour les prairies, et les flaques de sable sont indiquées dans l'intérieur de leurs limites, par des petits points ronds imitant des grains de sable.

Haies.

Ligne formée d'arbres et de bois servant à séparer les propriétés; dans les cartes dessinées ou gravées, ces arbres sont représentés par des points mis à la suite les uns des autres, de manière à figurer une ligne continue; on teinte ces arbres et ces futaies comme les bois, avec du jaune jonquille.

Tourbières.

Endroit où l'on tire la tourbe, terre bitumineuse propre à brûler; cet endroit est ordinairement marécageux. Dans les cartes dessinées, le sol est en blanc; des lignes noires horizontales désignent les parties marécageuses; les limites des tourbières sont aussi indiquées par des lignes noires tracées dans tous les sens; on colorie le sol avec du vert d'herbe, comme les prairies; les parties marécageuses ainsi que les tourbières, généralement remplies d'eau, sont teintées avec un bleu léger, comme pour l'eau des fleuves. En gravure, le sol est représenté par les signes graphiques usités pour les prairies; l'eau des parties marécageuses et des tourbières est indiquée par des lignes droites horizontales, ordinairement employées pour représenter les eaux, ainsi qu'il sera expliqué ci-après pour les fleuves et les rivières.

Marais.

Terre abreuvée de beaucoup d'eau qui n'a pas d'écoulement.

Dans les cartes dessinées, le sol est en blanc; des lignes noires indiquent les parties ordinairement remplies d'eau; ces parties sont teintes avec du bleu léger, couleur conventionnelle de l'eau, et le sol avec du vert d'herbe, comme pour les prairies. Dans les cartes gravées, on emploie les signes graphiques des prairies pour les parties du sol où croissent des herbes; les eaux sont représentées par des lignes noires horizontales, espacées de manière à imiter les rides de la surface des fleuves et des rivières.

Marais boisés.

Même manière de les exprimer que celle qui vient d'être indiquée; on représente les arbres, comme les bois en général, soit par une imitation de feuilles, soit par des points ronds, suivant le lieu d'où est censé venir la lumière.

Marais salants.

Espace de terre où l'on fait venir de l'eau de mer pour faire du sel.

Dans les cartes dessinées, la mer, les sables, les prairies sont désignées en toutes lettres; et deux lignes noires parallèles indiquent les chaussées sablonneuses qui divisent les différentes parties où l'on fait venir l'eau de la mer. Quand on a recours à des teintes, l'eau de la mer est représentée par un bleu vert, le sable par la couleur aurore, et les prairies par le vert d'herbe. (Voir pages x et xi.) En gravure, la mer est représentée par des lignes courbes suivant la configuration des côtes; l'eau de la mer remplissant les espaces séparés par les chaussées, par les lignes noires horizontales imitant les rides de la surface de l'eau des fleuves: les sables, par des petits points très-rapprochés; les chaussées sont laissées en blanc, comme on le fait pour les routes; les signes graphiques des prairies ont été expliqués plus haut.

Rizières.

Terre dans laquelle on cultive le riz.

Dans le dessin, deux lignes noires parallèles indiquent les chaussées qui séparent les bas-fonds où croît le riz qui est représenté par de petites lignes noires horizontales, imitant des touffes d'herbe; une teinte bleu léger indique l'eau qui recouvre ordinairement les rizières; en gravure, les chaussées sont représentées par deux lignes noires parallèles séparés par le blanc du papier; les rizières sont exprimées par l'imitation de touffes d'herbes, et l'eau, par des lignes noires horizontales comme pour les marais.

Dunes.

Colline sablonneuse qui s'étend le long des bords de la mer.

Dans le dessin, les dunes sont représentées par des petits points très-rapprochés, imitant une élévation; il en est de même en gravure; ici le travail est plus achevé; on emploie pour teinter les dunes la couleur aurore usitée pour les sables. (Voir page xi.)

Galets.

Il se dit de certains cailloux polis et ronds qui se trouvent en plusieurs endroits sur le bord de la mer.

Dans les cartes dessinées les galets sont exprimés par des ronds noirs sur un fond blanc; si on veut les teinter on exprime le fond par la couleur aurore employée pour le sable, et les galets par de l'encre de la Chine; en gravure, le fond est représenté par des points très-rapprochés imitant des grains de sable, et les galets, par des ronds noirs imitant des pierres.

Sables.

Sorte de terre légère, menue et sans aucune consistance.

On l'indique dans les cartes dessinées par son nom écrit sur la surface qu'il occupe; la couleur conventionnelle qui sert à teinter les sables est aurore (voir page XI) ; en gravure, on les exprime par des petits points noirs très-rapprochés.

Vase.

Bourbe qui est au fond de la mer, des fleuves, des étangs et des marais.

Dans les cartes dessinées, son contour est limité par une ligne ponctuée ; sur sa surface est écrit son nom ; sa teinte conventionnelle est la couleur boue ; en gravure, on représente la vase par des lignes noires horizontales, imitant les fissures de la terre humide quand elle est desséchée par la chaleur.

Rochers plats dans la mer.

Masse de pierre très-dure qui tient au sol. Dans le dessin et en gravure on le représente par son imitation aussi naturelle que possible ; si on veut le teinter, la couleur conventionnelle est terre de Sienne.

Jardins.

Lieu découvert, ordinairement fermé de murailles, de haies et joignant les maisons, dans lequel on cultive des légumes, des fleurs, des arbres, etc.

Dans le dessin, on indique par des lignes noires et droites sa configuration et ses divisions ; le sol reste en blanc. Quand on le teinte, le dessinateur emploie les couleurs usitées pour les prairies, les bois, les vergers et les bâtiments, selon les natures de terrain et de culture. En gravure, la division et la configuration sont, comme dans le dessin, indiquées par des lignes noires ; des points noirs et des imitations de feuilles représentent les arbres et les touffes de fleurs ou d'arbustes qui sont renfermés dans les jardins.

Bâtiments et Constructions.

Dans le dessin, on indique l'espace occupé par eux au moyen de lignes noires ; le sol reste blanc. En gravure, le sol reçoit une teinte noire ; la couleur conventionnelle pour exprimer les constructions en général est le carmin. Toutefois les teintes conventionnelles des services publics sont :

Pour les bâtiments particuliers . . . . Carmin.
— civils . . . . Minium.
— militaires { artillerie . . . . Violet foncé.
{ génie . . . . . Teinte neutre.
{ marine . . . . Vert foncé.

PLANCHE 29.

Cette planche a pour but principal de donner un spécimen des signes graphiques usités en gravure pour représenter les eaux. Deux méthodes sont en usage aujourd'hui. Dans la première, on se sert de lignes noires parallèles aux sinuosités des rivages ou des côtes, très-rapprochées les unes des autres à

partir de la terre, plus éloignées ensuite et enfin diminuant d'intensité et se confondant avec le blanc du papier. (Voir pour l'application les cartes 35 et 36.) On appelle eaux filées les eaux ainsi représentées ; le travail s'en fait à la main. Dans la seconde méthode, on emploie des lignes noires horizontales régulièrement espacées, grosses à leur point de départ et allant en diminuant jusqu'à ce qu'elles se confondent avec le blanc du papier ; ces lignes s'appellent tailles ; on met entre leur espacement d'autres lignes plus petites qu'on appelle entre-tailles, moins longues que les tailles et qui ont pour effet de donner plus de ton vers les côtes ou le rivage à ce genre de travail exécuté par une machine ; ce qui a fait donner aux eaux ainsi exprimées le nom d'eaux gravées à la mécanique.

Anciennement on usait d'un autre procédé, on représentait dans le dessin et en gravure les vagues allant se jeter sur les côtes (voir pl. 37). Cette méthode est tombée en désuétude.

Ces explications sur les eaux filées et les eaux gravées à la mécanique rendront plus faciles l'intelligence du contenu des carrés dont on va répéter les titres.

Sources, Ruisseaux et Rivières.

Rivière : cours naturel et abondant d'eaux qui coulent dans un lit plus ou moins étendu en largeur et en longueur et qui se jettent dans une autre rivière, dans un fleuve ou dans la mer.

Le premier carré contient les limites en lignes noires des différentes natures de culture et de terrain qui le compose, avec leur nom écrit en lettres ; le second en est l'expression par l'emploi des couleurs conventionnelles ; comme elles ont été expliquées précédemment, ainsi que les signes graphiques employés en gravure ; on ne s'occupera plus que des eaux.

La couleur conventionnelle pour les eaux est bleu léger (voir page XI).

Le troisième et le quatrième carré contiennent les eaux filées des sources et des rivières, ces eaux ne se gravent jamais à la mécanique ; quant aux ruisseaux qu'on représente par de simples lignes noires, ils ne peuvent être l'objet d'aucune autre gravure.

Fleuve.

Grande rivière qui porte ses eaux et conserve son nom jusqu'à la mer.

La couleur conventionnelle de ses eaux est bleu léger ; celle des roseaux vert foncé.

Les signes graphiques pour représenter les roseaux en gravure sont des lignes noires verticales, un peu plus épaisses que celles des prairies, se dégradant du noir au gris de manière à imiter des touffes d'arbustes.

Le troisième carré contient le fleuve avec eaux filées, et le quatrième avec eaux gravées à la mécanique.

Mer.

Amas d'eau qui environne la terre.

La couleur conventionnelle des eaux est bleu verdâtre ; pour le coloris des escarpements, on teinte avec de la terre de Sienne les parties hautes auxquelles on veut donner du ton.

Le troisième carré renferme les eaux filées et le quatrième les eaux gravées à la mécanique.

Lac.

Grande étendue d'eau qui n'a d'issue que par une rivière ou par quelques canaux souterrains.

La couleur conventionnelle de ses eaux est bleu léger. (Voir page xi.)

Le troisième carré rend les eaux filées et le quatrième les eaux gravées à la mécanique.

Étang.

Grand amas d'eau soutenu par une chaussée. La couleur conventionnelle de ses eaux est bleu léger. (Voir page xi.)

Ses eaux sont représentées filées dans le troisième carré et gravées à la mécanique dans le quatrième.

Limites.

Voici leur expression en dessin et en gravure et leurs couleurs conventionnelles :

	Gravure et dessin.	Couleur conventionnelle.
Limites d'États,	croix séparées par des lignes noires horizontales et des blancs.	Jaune indien.
— de départements,	lignes noires séparées par des blancs.	Bleu de Prusse.
— d'arrondissements,	lignes noires séparées par des points.	Carmin.
— de cantons,	points ronds.	Vert pré.
— de communes,	petits points ronds.	Minium.

Couleurs employées habituellement pour indiquer chaque nation :

On peut certainement varier ces couleurs à volonté, mais on se sert généralement des couleurs suivantes :

Pour les Français :	tricolore : carmin, blanc et bleu de cobalt.	
— Autrichiens :	noir et jaune indien.	
— Russes :	noir et vert.	
— Prussiens :	noir et bleu de cobalt.	
— Danois :	bleu de cobalt et gomme-gutte.	
— Belges :	carmin et bleu de Prusse.	

Pour les Hollandais :	orange et bleu de cobalt.	
— Portugais :	jaune indien et rouge carmin.	
— Espagnols :	vermillon.	
— Sardes :	terre de Sienne.	
— Anglais :	minium.	
— Turcs :	vert émeraude.	
— Suédois :	jaune indien.	
— Grecs :	blanc et carmin.	
— Suisses :	vert pré.	
— Napolitains :	violet.	
— Bavarois :	bleu de Prusse.	
— Américains :	encre de la Chine.	
— Japonais :	gomme-gutte et vert pré.	
— Chinois :	gomme-gutte.	

Les autres nations sont trop peu importantes pour figurer autrement qu'en auxiliaires et on les désignera par un signe ou une note.

PLANCHE 30 (1).

Cette planche, ayant pour but d'indiquer d'une manière exacte et régulière les formes et les dimensions à donner aux signes conventionnels des plans de bataille, a besoin d'être accompagnée des courtes observations qui vont suivre pour acquérir toute la clarté désirable aux yeux des jeunes officiers peu habitués à ce genre de travail.

Les dimensions des fronts de chaque corps devront être toujours proportionnés à l'effectif que ces corps auront eu au jour de l'action, et pour arriver à cette précision il faut qu'indépendamment du figuré du terrain et du récit du combat, le dessinateur du plan possède les états de situation des armées engagées. S'il ne peut se les procurer détaillés, il cherchera par le nombre total des hommes de chaque arme et la nomenclature des divers corps à faire une répartition qui, sans être rigoureusement exacte, sera au moins si rapprochée de la vérité qu'il ne tombera dans aucune des exagérations où il serait entraîné en supposant les bataillons et les escadrons au complet.

C'est surtout pour les actions ayant eu lieu à la fin d'une guerre ou même d'une campagne que ce cas est à considérer. En 1814, tel régiment, entré en ligne avec un effectif réel de 2,400 hommes, n'en comptait plus que 1,000 ou 1,200 au milieu de cette courte campagne, si féconde en grandes actions, et lorsque arriva la douloureuse catastrophe qui y mit fin, les régiments étaient devenus des bataillons, des compagnies même, et les corps d'armée n'étaient plus que de bien faibles divisions.

On conçoit donc facilement qu'il faille s'entourer de tous les renseignements propres à établir le chiffre précis des troupes, et par conséquent donner au développement des signes conventionnels les proportions qu'ils doivent avoir sur le plan ; sans cela, les mouvements ne pourront être exprimés dans les

(1) Texte et dessin par J. Rousseau.

limites du terrain où ils ont lieu ; les forces respectives seront exagérées et il en résultera une confusion inévitable dans le tracé de la bataille.

Les espaces donnés pour chaque arme sont aussi rapprochés que possible de ceux fixés par les ordonnances ; d'ailleurs les militaires, possédant mieux que personne ces détails de leur métier, sauront toujours mettre à l'échelle qu'ils adopteront pour leurs dessins, les corps qu'ils y feront figurer, en conservant les formes et les couleurs assignées à chaque arme. Dans les plans à petite échelle on s'abstiendra de fractionner les corps, ce qu'on peut faire au $\frac{1}{16000}$ et même au $\frac{1}{20000}$; les bataillons deviendraient imperceptibles et à moins qu'il n'y en ait opérant isolément, on ne fera qu'un signe pour chaque régiment.

Au $\frac{1}{16000}$ et au $\frac{1}{20000}$ on peut à la rigueur distinguer l'infanterie de ligne avec l'infanterie légère et les diverses espèces de cavalerie, mais cela entraîne à une complication de couleurs qui offre des inconvénients ; un simple signe ou une lettre placée sur le parallélogramme exprimant le régiment ou le bataillon sont préférables.

Ces renseignements seront, on l'espère, suffisants pour mettre tout militaire à même de reproduire, avec le modèle de dessin que l'on donne, toutes les opérations, marches et actions de guerre auxquelles il aura pris part ou qu'il voudra extraire des ouvrages traitant cette matière.

Les signes conventionnels pour représenter aux échelles des $\frac{1}{10000}$, $\frac{1}{15000}$ et $\frac{1}{10000}$, les divers corps de troupes tant d'infanterie que de cavalerie et d'artillerie d'après leur nombre réel au moment de l'action, ainsi que l'espace qu'ils occupent, sont indiqués sur la planche assez clairement pour ne demander aucune explication.

Quant à la partie de la planche indiquant les positions successives des deux armées dans une bataille, elle demande l'attention toute particulière du lecteur ; elle s'applique à toutes les batailles de l'atlas dont elle explique les différents mouvements.

La couleur bleu cobalt désigne toujours les Français et même leurs alliés, quand ceux-ci n'agissent pas isolément, mais bien simultanément avec les Français.

On exprime leur position avant la bataille par un carré bleu ; la première position, par un carré bleu aux deux extrémités avec lignes noires verticales au milieu ; la deuxième position, par un carré traversé en losange par deux lignes remplies de bleu à l'extrémité desquelles se trouvent des lignes noires verticales ; la troisième position, par deux lignes noires dont l'espacement est en blanc, avec couleur bleue à chaque extrémité ; la quatrième position, par un carré en blanc aux deux extrémités et teinté en bleu et en losange au milieu ; après la bataille, l'armée française est représentée par une ligne noire dessous laquelle se trouve la couleur bleue.

Quand les alliés opèrent seuls, leurs positions sont indiquées par des carrés divisés comme ceux que l'on emploie pour les Français ; la couleur seule diffère, et chaque nation se distingue alors par celle qui lui est affectée comme il est dit à la légende de la planche 29.

L'armée ennemie est désignée par la couleur de sa nation : avant la ba-

taille, cette couleur remplit le carré ; la première position le partage par des lignes noires horizontales, il est teinté de chaque côté ; à la deuxième position, le carré est traversé en losange par du noir avec les deux extrémités teintées ; la troisième position présente un carré noir aux deux extrémités et traversé au milieu en losange par une ligne teintée ; pour la quatrième position, c'est un carré dont la moitié est crevée en noir en losange et l'autre partie teintée ; enfin après la bataille, les ennemis sont représentés par une ligne noire au-dessous de laquelle on met une teinte de la couleur qui les désigne. En résumé, chaque armée est indiquée dans chacune de ses positions par une seule couleur ; et chaque position est marquée par la division du carré.

PLANCHES 31 ET 32.

Ces deux planches reproduisent les modèles de topographie et les signes conventionnels adoptés par les ingénieurs hydrographes de la marine. Les explications claires et nombreuses qui y sont gravées, ainsi que les lettres que l'on a fait inscrire en avant de chaque titre et répétées sur chaque nature de terrain et de culture, dispensent de tous détails.

PLANCHE 33.

Cette planche est un spécimen d'une carte marine ; la reproduction donne la copie exacte de partie de la carte n° 1168, intitulée carte particulière des côtes de France et d'Italie (département du Var, comté de Nice), partie comprise entre le cap de la Garoupe et le cap Martin, levée en 1840 et 1845 par MM. les ingénieurs hydrographes de la marine et publiée au dépôt général de la marine en 1848.

Les cartes marines sont censées éclairées par la lumière oblique ; la montagne est représentée par des hachures arbitrairement fixées et espacées qui n'ont aucune signification géométrique ; leur emploi n'a pour but que d'indiquer, par un noir plus ou moins intense, la hauteur approximative des montagnes.

Les natures de culture et l'indication des profondeurs de la mer, celles-ci faites avec la plus rigoureuse exactitude, sont indiquées par les signes et les abréviations décrits dans les pl. 31 et 32.

Indépendamment de la configuration des côtes et de l'aspect du pays, les cartes marines donnent en outre des vues prises d'un point de la mer parfaitement indiqué sur la carte, afin de faciliter la direction des navires soit pour éviter les écueils, soit pour l'entrée des ports.

La planche donne les vues qui se rapportent à la partie reproduite ; l'original contient en outre les indications suivantes que la petitesse du format n'a pas permis de graver :

LECTURE DES CARTES TOPOGRAPHIQUES.

PHARE D'ANTIBES ou DE LA GAROUPE.

Feu fixe de 1er ordre.—Portée 18 milles.

Latitude septentrionale..		43° 33′ 51″5.
Longitude à l'Est du Méridien de l'Observatoire de Paris { en degrés.		4° 47′ 47″6.
{ en temps..		0h 19m 11s4.
Altitude { au-dessus du sol..		26 mètres.
{ au-dessus de la mer..		106 mètres.

FANAL DU PORT D'ANTIBES.

*Feu de 4e ordre, varié de 2 en 2 minutes par des éclats précédés et suivis de courtes éclipses.
Élévation 15 mètres; Portée 9 milles.*

PHARE DE VILLEFRANCHE.

*Feu de 2e ordre, varié de 30 en 30 secondes, par des éclats précédés et suivis de courtes éclipses.
Portée 18 milles.*

Latitude septentrionale..		43° 40′ 30″29.
Longitude à l'Est du Méridien de l'Observatoire de Paris { en degrés ...		4° 59′ 26″04.
{ en temps....		0h 19m 57s73.
Altitude au-dessus du niveau de la mer..		68 mètres.

Déclinaison de l'Aiguille aimantée observée à Nice, en 1847........ 17° 57′ N. O.

Les chiffres de sondes expriment en mètres les profondeurs de l'eau.

TABLE DE RÉDUCTION DES MÈTRES EN BRASSES ET EN PIEDS.

M.	B.	P.	M.	B.	P.	M.	B.	P.	M.	B.	P.	M.	B.	P.	M.	B.	P.
1	0.6	3	6	3.7	18	11	6.7	34	16	9.8	49	30	18.5	92	80	49.2	246
2	1.2	6	7	4.3	21	12	7.4	37	17	10.4	52	40	24.6	123	90	55.4	277
3	1.8	9	8	4.9	25	13	8.0	40	18	11.0	55	50	30.8	154	100	61.6	308
4	2.4	12	9	5.5	28	14	8.6	43	19	11.7	58	60	36.9	185	200	123.1	615
5	3.1	15	10	6.1	31	15	9.2	46	20	12.3	61	70	43.1	215	300	184.7	923

PLANCHE 34.

Ile Sainte-Hélène.
Mêmes observations que celles qui précèdent pour le mode d'éclairer, pour l'expression du relief du terrain et des natures de culture ainsi que pour l'indication des sondes.

PLANCHES 35 ET 36.

La planche 35 est la carte d'assemblage des feuilles de la nouvelle carte de France, gravée au dépôt de la guerre à l'échelle du $\frac{1}{80000}$, en 258 numéros, auxquels il faut ajouter sept autres numéros pour les trois départements annexés : la Savoie, la Haute-Savoie et les Alpes-Maritimes. Chaque feuille gravée porte un numéro d'ordre et a pour titre le nom d'une ville ; chaque carré de la carte d'assemblage contient donc un numéro d'ordre et le nom d'une ville ; en voici la nomenclature :

TABLEAU *des* 265 *feuilles composant la nouvelle Carte de France disposées par numéros d'ordre.*

(Les astérisques indiquent les cartes publiées en demi-feuilles.—Les feuilles dont les noms ne figurent point dans ce tableau n'ont pas encore été publiées.)

1. Calais*.
2. Dunkerque*.
3. Boulogne*.
4. Saint-Omer.
5. Lille*.
6. Montreuil*.
7. Arras.
8. Douai.
9. Maubeuge*.
10. Saint-Valery*.
11. Abbeville.
12. Amiens.
13. Cambrai.
14. Rocroy.
15. Givet*.
16. Les Pieux*.
17. Cherbourg*.
18. Le Havre*.
19. Yvetot.
20. Neufchâtel.
21. Montdidier.
22. Laon.
23. Réthel.
24. Mézières.
25. Longwy*.
26. Sierck*.
27. Berneville*.
28. Saint-Lô.
29. Caen.
30. Lisieux.
31. Rouen.
32. Beauvais.
33. Soissons.
34. Reims.
35. Verdun.
36. Metz.
37. Sarreguemines.
38. Wissembourg*.
39. Neubourg réunie à 55.
40. Plouguerneau*.
41. Lannion.
42. Tréguier*.
43. Granville*.
44. Coutances.
45. Falaise.
46. Bernay.
47. Évreux.
48. Paris.
49. Meaux.
50. Châlons.
51. Bar-le-Duc.
52. Commercy.
53. Sarrebourg.
54. Saverne.
55. Lauterbourg et Neubourg*.
56. Ile d'Ouessant*.
57. Brest.
58. Morlaix.
59. Saint-Brieuc.
60. Dinan.
61. Avranches.
62. Alençon.
63. Mortagne.
64. Chartres.
65. Melun.
66. Provins.
67. Arcis.
68. Vassy.
69. Nancy.
70. Lunéville.
71. Strasbourg.
72. Quimper.
73. Le Faouet.
74. Napoléonville.
75. Rennes.
76. Laval.
77. Mayenne.
78. Nogent-le-Rotrou.
79. Châteaudun.
80. Fontainebleau.
81. Sens.
82. Troyes.
83. Chaumont.
84. Mirecourt.
85. Épinal.
86. Colmar.
87. Pont-l'Abbé*.
88. Lorient.
89. Vannes.
90. Redon.
91. Château-Gonthier.
92. La Flèche.
93. Le Mans.
94. Beaugency.
95. Orléans.
96. Auxerre.
97. Tonnerre.
98. Châtillon.
99. Langres.
100. Lure.
101. Altkirch.
102. Belle-Ile*.
103. Quiberon.
104. Savenay.
105. Ancenis.
106. Angers.
107. Tours.
108. Blois.
109. Gien.
110. Clamecy.
111. Avallon.
112. Dijon.
113. Gray.
114. Montbéliard.
115. Ferrette*.
116. Ile du Pilier*.
117. Nantes.
118. Beaupréau.
119. Saumur.
120. Loches.
121. Valençay.
122. Bourges.
123. Nevers.
124. Château-Chinon.
125. Beaune.
126. Besançon.
127. Ornans.
128. Ile d'Yeu.*

LECTURE DES CARTES TOPOGRAPHIQUES.

129. Palluau.
130. Napoléon-Vendée.
131. Bressuire.
132. Châtellerault.
133. Châteauroux.
134. Issoudun.
135. Saint-Pierre.
136. Autun.
137. Châlons-sur-Saône.
138. Lons-le-Saulnier.
139. Pontarlier *.
140. Les Sables *.
141. Fontenay.
142. Niort.
143. Poitiers.
144. Aigurande.
145. Montluçon.
146. Moulins.
147. Charolles.
148. Mâcon.
149. Saint-Claude.
150. Ferney *.
151. Tour de Chassiron *.
152. La Rochelle.
153. Saint-Jean-d'Angély.
154. Confolens.
155. Guéret.
156. Aubusson.
157. Gannat.
158. Roanne.
159. Bourg.
160. Nantua.
160 bis.
160 ter.
161. Saintes.
162. Angoulême.
163. Rochechouart.
164. Limoges.
165.
166. Clermont.
167. Montbrison.
168. Lyon.
169. Belley.
169 bis.
169 ter.
170. Lesparre.
171. Jonzac.
172. Périgueux.
173.
174.
175. Brioude.
176. Monistrol.
177. Saint-Etienne.
178. Grenoble.
179.
179 bis.
180. Bordeaux.
181. Libourne.
182. Bergerac.
183. Brives.
184. Aurillac.
185. Saint-Flour.
186. Le Puy.
187.
188.
189.
190.
191. La Teste-de-Buch.
192. La Réole.
193. Villeréal.
194. Gourdon.
195.
196.
197.
198.
199.
200.
201.
202. Étang de St-Julien *.
203. Sore.
204. Grignols.
205. Agen.
206. Cahors.
207.
208.
209.
210.
211.
212.
213.
213 bis.
214. Vieux-Boucau *.
215. Mont-de-Marsan.
216. Montréal.
217. Lectoure.
218. Montauban.
219.
220.
221.
222.
223.
224.
225.
225 bis.
226. Bayonne *.
227. Orthez.
228.
229. Auch.
230. Toulouse.
231.
232.
233.
234.
235.
236.
237.
238. St-J.-Pied-de-Port *.
239.
240.
241. Saint-Gaudens.
242. Pamiers.
243.
244. Narbonne.
245. Marseillan.
246.
247.
248.
249.
250. Urdos *.
251.
252.
253.
254.
255. Perpignan *.
256. Lhospitalet.
257.
258. Céret *.

Pour faciliter au lecteur la possibilité de se procurer les feuilles soit de la carte de l'État-major, soit de la carte de Cassini, composant chacun des 89 départements de la France, on va en donner le détail par départements classés par ordre alphabétique.

TABLEAU, *par ordre alphabétique, des 89 départements, avec indication des feuilles qui composent chaque département pour les cartes de l'Etat-major et de Cassini* [1].

Carte de l'État-Major [2].	Nombre de feuilles.
1. Ain.—148, 149, 150*, 159, 160, 168, 169	7
2. Aisne.—13, 14, 22, 23, 33, 34, 49	7
3. Allier.—134, 135, 136, 145, 146, 147, 156, 157, 158	9
4. Alpes (Basses-).—200°, 201°, 211°, 212°, 213°, 223°, 224°, 225°.	8
5. Alpes (Hautes-).—179°, 189°, 190°, 199°, 200°, 201°, 211°	7
6. Alpes-Maritimes.—213, 213 bis, 225, 225 bis, 237	5
7. Ardèche.—177, 186°, 187°, 197°, 198°, 209°, 210°	7
8. Ardennes.—14, 15, 23, 24, 34, 35	6
9. Ariége.—241°, 242, 243°, 252°, 253°, 254°, 256°, 257	8
10. Aube.—66, 67, 68, 81, 82, 83, 97, 98	8
11. Aude.—230, 231°, 242, 243°, 244, 253°, 254°, 255*	8
12. Aveyron.—184, 185, 194, 195°, 196°, 206, 207°, 208°, 219°, 220°, 231, 232	12
13. Bouches-du-Rhône.—222°, 223°, 234°, 235°, 246°, 247°	6
14. Calvados.—28, 29, 30, 44, 45, 46	6

Carte de Cassini.	Nombre de feuilles.
1. Ain.—116, 117, 118, 148	4
2. Aisne.—42, 43, 44, 45, 77, 78, 79	7
3. Allier.—11, 12, 50, 51, 85, 86	6
4. Alpes (Basses-).—122, 152, 153, 167, 168	5
5. Alpes (Hautes-).—120, 121, 150, 151, 152, 166	6
6. Alpes-Maritimes.—167, 168	2
7. Ardèche.—88, 89, 90, 119, 120	5
8. Ardennes.—78, 79, 109, 110	4
9. Ariége.—75, 76, 39, 40, 40 bis, 19, 20	7
10. Aube.—46, 47, 80, 81, 82	5
11. Aude.—19, 20, 58	3
12. Aveyron.—15, 16, 17, 54, 55, 56, 57	7
13. Bouches-du-Rhône.—91, 92, 122, 123, 124	5
14. Calvados.—94, 95, 61, 62	4

[1] Le signe (°) indique les feuilles ou numéros qui ne sont pas publiés. — Le signe (*) indique les demi-feuilles.

[2] Le prix de chaque feuille de la carte de l'Etat-major est de 7 fr. et de Cassini de 5 fr. — demi-feuille — 4 fr. — 2 fr. 50.

Carte de l'État-Major.	Nombre de feuilles.
15. Cantal.—174°, 175, 184, 185, 195°, 196°..........	6
16. Charente.—153, 154, 162, 163, 171, 172..........	6
17. Charente-Inférieure.—141, 151°, 152, 153, 161, 162, 170, 171, 181..........	8
18. Cher.—109, 110, 121, 122, 123, 134, 135, 145..........	8
19. Corrèze.—164, 165°, 173°, 174°, 183, 184..........	6
20. Corse.—	»
21. Côte-d'Or.—97, 98, 111, 112, 113, 124, 125, 126, 137..........	9
22. Côtes-du-Nord.—41, 42°, 43, 58, 59, 60, 73, 74, 75..........	9
23. Creuse.—144, 145, 155, 156, 164, 165°..........	6
24. Dordogne.—163, 164, 171, 172, 173°, 181, 182, 183, 192, 193, 194..........	11
25. Doubs.—113, 114, 126, 127, 138, 139°..........	6
26. Drôme.—177, 187°, 188°, 198°, 199°, 210°, 211°..........	7
27. Eure.—30, 31, 46, 47, 63..........	5
28. Eure-et-Loir.—47, 63, 64, 65, 78, 79, 80, 94..........	8
29. Finistère.—40°, 44, 56°, 57, 58, 72, 73, 87°, 88..........	9
30. Gard.—208, 209°, 210°, 220°, 221°, 222°, 233°, 234°..........	8
31. Garonne (Haute-).—217°, 218, 229, 230, 231°, 241°, 242, 252°..........	8
32. Gers.—216, 217° 228°, 229, 230, 240, 241°..........	7
33. Gironde.—161, 170, 171, 180, 181, 191, 192, 203, 204..........	9
34. Hérault.—220°, 221°, 231, 232°, 233°, 243°, 244, 245°..........	8
35. Ille-et-Vilaine.—60, 61, 73, 76, 90, 91..........	6
36. Indre.—120, 121, 122, 132, 133, 134, 143, 144, 145..........	9
37. Indre-et-Loire.—106, 107, 108, 119, 120, 121, 132..........	7
38. Isère.—168, 169, 177, 178, 179°, 187, 188°, 189°..........	8
39. Jura.—125, 126, 137, 138, 139°, 149, 150°..........	7
40. Landes.—191, 202°, 203, 204, 214°, 215, 216, 226°, 227, 228°..	10
41. Loir-et-Cher.—78, 79, 93, 94, 107, 108, 109, 121, 122..........	9
42. Loire.—147, 158, 159, 167, 168, 176, 177..........	7
43. Loire (Haute-).—175, 176, 177, 185, 186°, 187°, 197°..........	7
44. Loire-Inférieure.—90, 91, 103, 104, 105, 117, 118, 129..........	8
45. Loiret.—79, 80, 81, 94, 95, 96, 108, 109, 110..........	9
46. Lot.—183, 184°, 193, 194, 195°, 205, 206°..........	7
47. Lot-et-Garonne.—192, 193, 204, 205, 216, 217°..........	6
48. Lozère.—185, 186°, 196°, 197°, 208°, 209°..........	6
49. Maine-et-Loire.—91, 92, 105, 106, 118, 119..........	6
50. Manche.—16°, 17°, 27°, 28, 43°, 44, 61..........	7
51. Marne.—33, 34, 35, 49, 50, 51, 66, 67, 68..........	9
52. Marne (Haute-).—68, 69, 83, 84, 98, 99, 112, 113..........	8
53. Mayenne.—61, 62, 76, 77, 91, 92..........	6
54. Meurthe.—52, 53, 54, 69, 70, 71..........	6
55. Meuse.— 24, 25°, 35, 36, 51, 52, 68, 69..........	8

Carte de Cassini.	Nombre de feuilles.
15. Cantal.—14, 15, 53, 54..........	4
16. Charente.—32, 33, 68, 69, 70, 102, 103..........	7
17. Charente-Inférieure.—69, 70, 101, 102, 103, 133, 134..........	7
18. Cher.—9, 10, 11, 48, 49, 50..........	6
19. Corrèze.—13, 14, 15, 33, 34, 35..........	6
20. Corse.—	
21. Côte-d'Or.—82, 83, 84, 113, 114, 115..........	6
22. Côtes-du-Nord.—127, 128, 156, 157..........	4
23. Creuse.—11, 12, 13, 31, 32, 33..........	6
24. Dordogne.—34, 35, 36, 70, 71..........	5
25. Doubs.—114, 115, 145, 146, 147..........	5
26. Drôme.—88, 89, 90, 119, 120, 121..........	6
27. Eure.—25, 26, 61, 62..........	4
28. Eure-et-Loir.—7, 8, 26, 27, 28..........	5
29. Finistère.—168, 169, 170, 174, 175..........	5
30. Gard.—56, 90, 91, 92, 121, 122..........	6
31. Garonne (Haute-).—37, 38, 39, 74, 75..........	5
32. Gers.—37, 38, 73, 74, 106, 107..........	6
33. Gironde.—71, 72, 102, 103, 104, 105, 133, 134, 135, 136, 137.	11
34. Hérault.—18, 19, 56, 57, 58, 91, 92..........	7
35. Ille-et-Vilaine.—96, 97, 127, 128, 129..........	5
36. Indre.—10, 11, 30, 31..........	4
37. Indre-et-Loire.—29, 30, 31, 65, 66, 67..........	6
38. Isère.—87, 88, 118, 119, 120, 150, 151..........	7
39. Jura.—114, 115, 116, 117, 146, 147, 148..........	7
40. Landes.—72, 73, 105, 106, 107, 137, 138, 139..........	8
41. Loir-et-Cher.—9, 10, 28, 29, 30..........	5
42. Loire.—51, 52, 86, 87, 88..........	5
43. Loire (Haute-).—53, 54, 88, 89..........	4
44. Loire-Inférieure.—98, 99, 130, 131, 131 *bis*..........	5
45. Loiret.—7, 8, 9, 47, 48..........	5
46. Lot.—15, 16, 35, 36..........	4
47. Lot-et-Garonne.—35, 36, 37, 71, 72, 73..........	6
48. Lozère.—89, 90, 91, 54, 55, 56..........	6
49. Maine-et-Loire.—65, 66, 97, 98, 99..........	5
50. Manche.—93, 94, 95, 96, 125, 126, 127, 128..........	8
51. Marne.—44, 45, 46, 79, 80, 81..........	6
52. Marne (Haute-).—80, 81, 82, 111, 112, 113, 114..........	7
53. Mayenne.—63, 96, 97..........	3
54. Meurthe.—141, 142, 143, 111, 112, 161, 162, 163..........	8
55. Meuse.—109, 110, 111, 112..........	4

Carte de l'État-Major.	Nombre des feuilles.
56. Morbihan.—73, 74, 75, 88, 89, 90, 102*, 103, 104............	9
57. Moselle.—25*, 26*, 36, 37, 38*, 52, 53, 54.................	8
58. Nièvre.—110, 111, 123, 124, 135, 136...................	6
59. Nord.—2*, 4, 5*, 8, 9*, 13, 14......................	7
60. Oise.—20, 21, 22, 31, 32, 33, 48, 49..................	8
61. Orne.—44, 45, 46, 61, 62, 63, 77, 78.................	8
62. Pas-de-Calais.—1*, 2*, 3*, 4, 5, 6*, 7, 8, 12, 13...........	10
63. Puy-de-Dôme.—156, 157, 158, 165*, 166, 167, 174*, 175, 176..	9
64. Pyrénées (Basses-).—226*, 227, 228*, 238*, 239*, 240*, 250*, 251*.	8
65. Pyrénées (Hautes-).—228*, 240*, 241*, 251*, 252*...........	5
66. Pyrénées-Orientales.—254*, 255*, 256*, 257*, 258*..........	5
67. Rhin (Bas-).—37, 53, 54, 55*, 71, 86....................	6
68. Rhin (Haut-).—85, 86, 100, 101, 114, 115*.......	6
69. Rhône.—147, 148, 158, 159, 167, 168, 177..............	7
70. Saône (Haute-).—99, 100, 113, 114, 126..................	5
71. Saône-et-Loire.—124, 125, 136, 137, 138, 147, 148, 149, 158, 159..................	10
72. Sarthe.—62, 63, 77, 78, 92, 93, 106, 107............	8
73. Savoie.—169, 169 *bis*, 169 *ter*, 178, 179, 179 *bis*, 189........	7
74. Savoie (Haute-).—150, 160, 160 *bis*, 160 *ter*.............	4
75. Seine.—48, 65.................................	2
76. Seine-Inférieure.—10*, 11, 18*, 19, 20, 30, 31...........	7
77. Seine-et-Marne.—48, 49, 65, 66, 80, 81...............	6
78. Seine-et-Oise.—31, 32, 47, 48, 64, 65, 80.............	7
79. Sèvres (Deux-).—118, 119, 130, 131, 141, 142, 152, 153......	8
80. Somme.—6*, 7, 11, 12, 13, 20, 21, 22.................	8
81. Tarn.—206, 207, 218*, 219*, 220*, 230, 231*, 232*..........	8
82. Tarn-et-Garonne.—205, 206, 207, 217*, 218.............	5
83. Var.—223*, 224*, 225*, 235*, 236*, 237*, 247*, 248*, 249*......	9
84. Vaucluse.—198*, 210*, 211*, 222*, 223*, 235............	6
85. Vendée.—116*, 117, 118, 128*, 129, 130, 140*, 141, 142......	9
86. Vienne.—119, 120, 131, 132, 142, 143, 144, 153, 154........	9
87. Vienne (Haute-).—143, 144, 154, 155, 163, 164, 173*.......	7
88. Vosges.—69, 70, 71, 84, 85, 86, 99, 100..................	8
89. Yonne.—81, 82, 96, 97, 110, 111.......................	6

Carte de Cassini.	Nombre de feuilles.
56. Morbihan.—128, 129, 130, 158, 159....................	5
57. Moselle.—109, 110, 141 *bis*, 141, 142, 161.............	6
58. Nièvre.—48, 49, 50, 83, 84, 85....................	6
59. Nord.—5, 6, 41, 42, 77........................	5
60. Oise.—2, 3, 24.............................	3
61. Orne.—26, 27, 62, 63, 95, 96....................	6
62. Pas-de-Calais.—4, 5, 6, 21, 22, 41, 42.............,	7
63. Puy-de-Dôme.—12, 13, 14, 51, 52, 53, 88........,...,..	7
64. Pyrénées (Basses-).—74, 107, 108, 108 *bis*, 139, 140,........	6
65. Pyrénées (Hautes-).—74, 75, 76, 107, 108, 108 *bis*...........	6
66. Pyrénées-Orientales.—19, 20, 20 *bis*, 40, 40 *bis*, 58, 59, 59 *bis*.	8
67. Rhin (Bas-).—161, 162, 163................,.,..	3
68. Rhin (Haut-).—143, 144, 145, 163, 164, 165........,....	6
69. Rhône.—86, 87, 88........,...................	3
70. Saône(Haute-).—113, 114, 144, 145.................	4
71. Saône-et-Loire.—84, 85, 86, 115, 116............,...	5
72. Sarthe.—27, 28, 63, 64, 65, 97............,...	6
73. Savoie.—118, 149, 150....................	3
74. Savoie (Haute-).—117, 118, 147, 148, 149........,....	5
75. Seine.—1...............................,	1
76. Seine-Inférieure.—23, 24, 25, 60, 61...............	5
77. Seine-et-Marne.—1, 2, 7, 45, 46.............,..	5
78. Seine-et-Oise.—1, 2, 7, 25, 26.................	5
79. Sèvres (Deux-).—66, 67, 68, 99, 100, 101........,...	6
80. Somme.—3, 4, 23, 42, 43..................	5
81. Tarn.—17, 18, 37, 38, 57..................	5
82. Tarn-et-Garonne.—16, 17, 36, 37, 73............,...	5
83. Var.—153, 154, 155, 155 *bis*, 168, 169......,....,...	6
84. Vaucluse.—90, 91, 121, 122, 123.........,...,...	5
85. Vendée.—99, 100, 101, 131, 131 *bis*, 132, 133...,......	7
86. Vienne.—31, 32, 166, 167, 168.................	5
87. Vienne (Haute-).—13, 32, 33, 34.........,.,.,..	4
88. Vosges.—112, 113, 143, 144, 162, 163, 164.........,...	7
89. Yonne.—46, 47, 48, 82, 83,...........,.,..,...,.	5

La carte d'assemblage contient en outre la division de la France par départements, par divisions militaires et par grands commandements.

dans le tableau qui précède ; sur la carte, les limites de chaque département sont indiquées par une ligne ponctuée.

Départements.

Les 89 départements dont se compose la France viennent d'être dénommés

Divisions militaires.

La France est partagée en 22 divisions militaires ; sur la carte, les limites en sont désignées par de petites lignes noires horizontales séparées par trois points. Voici les noms de ces 22 divisions et ceux de leurs subdivisions.

1re DIVISION MILITAIRE, A PARIS,
composée de huit subdivisions, savoir :

1re subdivison	Seine	à Paris.
2. —	Seine-et-Oise	» Versailles.
3. —	Oise	» Beauvais.
4. —	Seine-et-Marne	» Melun.
5. —	Aube	» Troyes.
6. —	Yonne	» Auxerre.
7. —	Loiret	» Orléans.
8. —	Eure-et-Loir	» Chartres.

2e DIVISION, A ROUEN,
composée de 4 subdivisions :

1re subdivision	Seine-Inférieure	à Rouen.
2. —	Eure	» Évreux.
3. —	Calvados	» Caen.
4. —	Orne	» Alençon.

3e DIVISION, A LILLE,
composée de 3 subdivisions :

1re subdivision	Nord	à Lille.
2. —	Pas-de-Calais	» Arras.
3. —	Somme	» Amiens.

4e DIVISION, A CHALONS-SUR-MARNE.
composée de 3 subdivisions :

1re subdivision	Marne	à Châlons-sur-Marne.
2. —	Aisne	» Laon.
3. —	Ardennes	» Mézières.

5e DIVISION, A METZ,
composée de 4 subdivisions :

1re subdivision	Moselle	à Metz.
2. —	Meuse	» Verdun.
3. —	Meurthe	» Nancy.
4. —	Vosges	» Épinal.

6e DIVISION, A STRASBOURG,
composée de 2 subdivisions :

| 1re subdivision | Bas-Rhin | à Strasbourg. |
| 2. — | Haut-Rhin | » Colmar. |

7e DIVISION, A BESANÇON,
composée de 5 subdivisions :

1re subdivision	Doubs	à Besançon.
2. —	Jura	» Lons-le-Saulnier.
3. —	Côte-d'Or	» Dijon.
4. —	Haute-Marne	» Langres.
5. —	Haute-Saône	» Vesoul.

8e DIVISION, A LYON,
composée de 6 subdivisons :

1re subdivision	Rhône	à Lyon.
2. —	Loire	» Saint-Étienne.
3. —	Saône-et-Loire	» Mâcon.
4. —	Ain	» Bourg.
5. —	Drôme	» Valence.
6. —	Ardèche	» Privas.

9e DIVISION, A MARSEILLE,
composée de 5 subdivisions :

1re subdivision	Bouches-du-Rhône	à Marseille.
2. —	Var	» Toulon.
3. —	Basses-Alpes	» Draguignan.
4. —	Vaucluse	» Avignon.
5. —	Alpes-Maritimes	» Nice.

10e DIVISION, A MONTPELLIER,
composée de 4 subdivisions :

1re subdivision	Hérault	à Montpellier.
2. —	Aveyron	» Rodez.
3. —	Lozère	» Mende.
4. —	Gard	» Nîmes.

11e DIVISION, A PERPIGNAN,
composée de 3 subdivisions :

1re subdivision	Pyrénées-Orientales	à Perpignan.
2. —	Ariége	» Foix.
3. —	Aude	» Carcassonne.

12e DIVISION, A TOULOUSE,
composée de 4 subdivisions :

1re subdivision	Haute-Garonne	à Toulouse.
2. —	Tarn-et-Garonne	» Montauban.
3. —	Lot	» Cahors.
4. —	Tarn	» Alby.

13e DIVISION, A BAYONNE,
composée de 4 subdivisions :

1re subdivision......	Basses-Pyrénées......	à Bayonne.
2. —	Landes.............	» Mont-de-Marsan.
3. —	Gers.............	» Auch.
4. —	Hautes-Pyrénées....	» Tarbes.

14e DIVISION, A BORDEAUX,
composée de 5 subdivisions :

1re subdivision......	Gironde.............	à Bordeaux.
2. —	Charente-Inférieure...	» la Rochelle.
3. —	Charente............	» Angoulême.
4. —	Dordogne...........	» Périgueux.
5. —	Lot-et-Garonne.....	» Agen.

15e DIVISION, A NANTES,
composée de 4 subdivisions :

1re subdivision......	Loire-Inférieure......	à Nantes.
2. —	Maine-et-Loire......	» Angers.
3. —	Deux-Sèvres........	» Niort.
4. —	Vendée.............	» Napoléon-Vendée.

16e DIVISION, A RENNES,
composée de 6 subdivisions :

1re subdivision......	Ille-et-Vilaine.......	à Rennes.
2. —	Morbihan...........	» Vannes.
3. —	Finistère...........	» Brest.
4. —	Côtes-du-Nord......	» Saint-Brieuc.
5. —	Manche............	» Cherbourg.
6. —	Mayenne...........	» Laval.

17e DIVISION, CORSE, A BASTIA.

18e DIVISION A TOURS,
composée de 4 subdivisions :

1re subdivision......	Indre-et-Loire.......	à Tours.
2. —	Sarthe.............	» le Mans.
3. —	Loir-et-Cher........	» Blois.
4. —	Vienne.............	» Poitiers.

19e DIVISION, A BOURGES,
composée de 4 subdivisions :

1re subdivision......	Cher..............	à Bourges.
2. —	Nièvre.............	» Nevers.
3. —	Allier.............	» Moulins.
4. —	Indre..............	» Châteauroux.

20e DIVISION, A CLERMONT-FERRAND,
composée de 3 subdivisions :

1re subdivision......	Puy-de-Dôme........	à Clermont.
2. —	Haute-Loire.........	» le Puy.
3. —	Cantal.............	» Aurillac.

21e DIVISION, A LIMOGES,
composée de 3 subdivisions :

1re subdivision......	Haute-Vienne.......	à Limoges.
2. —	Creuze.............	» Guéret.
3. —	Corrèze............	» Tulle.

22e DIVISION, A GRENOBLE,
composée de 4 subdivisions :

1re subdivision......	Isère..............	à Grenoble.
2. —	Hautes-Alpes........	» Gap.
3. —	Savoie.............	» Chambéry.
4. —	Haute-Savoie.......	» Annecy.

Grands Commandements militaires.

Les troupes stationnées sur le territoire de l'Empire et en Algérie ont été réparties, par décision impériale du 17 août 1859, en sept grands commandements confiés à des maréchaux de France.

1er command. du 1er corps d'armée, quartier gén. Paris,	comprend les 1re et 2. divisions.
2. — 2. — — Lille	— 3. et 4. divisions.
3. — 3. — — Nancy,	— 5., 6. et 7. divisions.
4. — 4. — — Lyon,	— 8. 9. 10. 17. et 20. d.
5. — 5. — — Tours,	— 15. 16. 18. 19. 21. et 22. divisions.
6. — 6. — — Toulouse,	— 11. 12. 13. et 14. d.
7. — 7. — — Alger,	— les divis. militaires de l'Algérie.

L'Algérie est partagée en 3 divisions militaires :

1re division	Province d'Alger....	à Alger.
2. —	— d'Oran.....	» Oran.
3. —	— de Constantine.	» Constantine.

Les limites des grands commandements sont indiquées sur la carte d'assemblage par de petites lignes noires se traversant et formant croix.

Signes conventionnels employés dans la carte de l'État-major.

Le côté droit de la carte d'assemblage contient un spécimen de tous les signes graphiques employés dans la gravure de cette première carte pour exprimer les natures de terrain et de culture, le relief du terrain, les constructions, les routes, les canaux, etc.

En face de chacun d'eux se trouve écrit son nom, ainsi que l'explication des abréviations pour les signes et les lettres isolées.

Tous ces signes sont ceux qui ont été décrétés par la commission de topographie de 1828 et leur parfaite connaissance est indispensable pour la lecture des cartes gravées au Dépôt de la guerre.

PLANCHE 36.

La planche 36 est un spécimen de la nouvelle carte de France, dite de l'État-major, exécutée par ordre du gouvernement au Dépôt général de la guerre ; elle est assujettie à une triangulation méthodique entièrement neuve et soumise ou comparée à des observations astronomiques spéciales; fondée pour l'expression du relief du terrain, sur de nombreuses cotes géométriques de nivellement rapportées au niveau moyen de la mer, elle est levée par MM. les officiers d'État-major à l'échelle $\frac{1}{80000}$ et gravée au $\frac{1}{80000}$; pour les signes conventionnels et l'expression du relief du terrain, on se conforme scrupuleusement aux décisions de la commission de topographie de 1828 (voir page VIII) réunie spécialement pour les arrêter dans le but d'en faire l'application à la gravure de cette nouvelle carte.

PLANCHES 37 ET 38.

La planche 37 est la carte d'assemblage des 157 feuilles et 24 1/2 feuilles composant la carte géométrique de la France par Cassini. Chaque carré long porte un numéro d'ordre correspondant à une feuille de la carte. Ces numéros vont de 1 à 175 avec six numéros doublés, savoir : 20 *bis*, 40 *bis*, 59 *bis*, 108 *bis*, 131 *bis* et 155 *bis*.

Dans cette carte d'assemblage, la France est divisée en départements et en anciennes provinces. Les limites de départements sont des lignes ponctuées; les limites des provinces consistent en lignes croisées.

On a donné plus haut le nom des 89 départements; voici le nom des provinces divisées en 32 grands gouvernements :

1. Alsace.	12. Dauphiné.	23. Marche (la).
2. Anjou.	13. France.	24. Nivernais.
3. Artois.	14. Foix (comté de).	25. Normandie.
4. Aunis.	15. Franche-Comté.	26. Orléanais.
5. Auvergne.	16. Guienne et Gascogne.	27. Picardie.
6. Béarn.	17. Ile-de-France.	28. Poitou.
7. Berry.	18. Languedoc.	29. Provence.
8. Bourbonnais.	19. Limosin.	30. Roussillon.
9. Bourgogne.	20. Lorraine.	31. Saintonge et Angoumois.
10. Bretagne.	21. Lyonnais.	
11. Champagne.	22. Maine.	32. Touraine.

Le côté droit de ce tableau d'assemblage contient le spécimen des signes graphiques employés dans la gravure de la carte de Cassini. En voici l'explication :

Elle est censée éclairée par la lumière oblique; les terres labourées, les jardins et les vergers sont en blanc.

Les eaux de la mer sont représentées par des tailles et des entre-tailles (quelquefois par l'imitation des vagues); les eaux des fleuves, des rivières et des canaux sont filées.

Le rivage de la basse mer est représenté par des points ronds pour simuler des galets ; le rivage de la haute mer par des points ronds beaucoup plus petits, pour imiter des grains de sable.

Les dunes ou montagnes de sable sont figurées par des points ronds rapprochés, noirs au sommet et allant se dégradant, pour imiter la montagne.

Le lac est limité par une ligne noire; l'eau est représentée par des tailles horizontales.

Les marais sont figurés par des imitations d'herbes, et les eaux, comme celles des lacs, par des lignes noires horizontales.

L'étang marécageux est limité, comme le lac, par une ligne noire, les eaux sont figurées par des lignes horizontales et les marécages par des imitations d'herbes.

La route communale consiste en deux lignes noires parallèles séparées par du blanc, et le sentier par deux lignes ponctuées, également parallèles et séparées par des blancs.

Les rochers sont figurés par des lignes noires verticales plus ou moins rapprochées et quelquefois se confondant, en laissant quelques interstices blancs.

Les montagnes sont ordinairement représentées par des lignes noires qui se dégradent; la partie la plus noire indique l'altitude la plus élevée.

Les vignes sont figurées par des ceps, imitant un huit; les prairies, par des brins d'herbes.

Les ruisseaux sont indiqués par des lignes noires plus ou moins contournées; les canaux par deux lignes parallèles très-fortes pour fixer les limites; au milieu sont d'autres lignes beaucoup plus ténues, faites pour exprimer les eaux filées.

Les landes sont représentées par des imitations d'arbustes espacés les uns des autres ; les routes pavées sont indiquées par deux lignes noires parallèles avec gros points ronds au milieu pour imiter des pavés ; si les routes sont bordées d'arbres, ceux-ci sont représentés par des points noirs placés en dehors des lignes servant de limites.

Les montagnes en élévation, ainsi nommées parce que le spectateur, placé à la base, les voit se dresser devant lui, sont représentées par une imitation de leur aspect.

Enfin les arbres sont indiqués par l'imitation d'arbres ou de feuillages.

Quant aux autres signes graphiques usités pour représenter les villes ouvertes ou fortifiées, les paroisses, les succursales, les couvents et les abbayes d'hommes et de femmes, les cabarets, etc., leur signification est écrite devant chaque signe et rend toute explication inutile. On fera seulement remarquer que l'indication des cabarets et des couvents hospitaliers avait alors pour le voyageur une importance qu'elle a perdue complétement aujourd'hui.

La planche 38 est le spécimen de partie de la carte géométrique de la France, dite de l'Académie, levée par ordre du gouvernement sous la direction de Cassini de Thury, Camus et Montigny, en 1744, au $\frac{1}{86400}$; elle se compose de 160 feuilles et 24 demi-feuilles, en y comprenant la carte des triangles et les deux tableaux d'assemblage.

On a pris pour ce spécimen la même partie de la France que celle reproduite dans la pl. 36 (carte de l'État-major); on a voulu donner au lecteur le moyen d'établir une comparaison entre la gravure exécutée il y a un siècle et celle d'aujourd'hui.

FIN.

TABLE DES MATIÈRES

www.ingramcontent.com/pod-product-compliance
Ingram Content Group UK Ltd.
Pitfield, Milton Keynes, MK11 3LW, UK
UKHW021113140726
13695UKWH00004B/1480